C.H.BECK ■ WISSEN

in der Beck'schen Reihe

W0069085

Seit ungefähr 150 Jahren verwenden wir den Begriff „Psychotherapie", und inzwischen ist sie zu einem festen Bestandteil der modernen Heilkunst geworden. Die Psychotherapie hat in einem vergleichsweise kurzen Zeitraum nicht nur eine besonders rasante Entwicklung genommen, sie umfaßt zudem eine Vielzahl unterschiedlicher wissenschaftlicher und therapeutischer Ansätze, Methoden und Schulen. Das vorliegende Buch stellt die wichtigsten heute gültigen Konzepte und Modelle vor, erläutert die entscheidenden Unterschiede und Gemeinsamkeiten der verschiedenen psychotherapeutischen Schulen und beschreibt anhand ausgesuchter Fallbeispiele die psychotherapeutische Behandlung besonders häufiger seelischer Störungen, mit Ausnahme der psychosomatischen Krankheiten, die vom selben Autor bereits 1996 in dieser Reihe behandelt wurden.

Michael Wirsching, Arzt und Psychotherapeut, ist Professor an der Universität Freiburg sowie Ärztlicher Direktor der Abteilung Psychosomatik und Psychotherapeutische Medizin der Universitätsklinik Freiburg.

Michael Wirsching

PSYCHOTHERAPIE

Grundlagen und Methoden

Verlag C.H.Beck

Die Deutsche Bibliothek – CIP-Einheitsaufnahme

Wirsching, Michael:
Psychotherapie : Grundlagen und Methoden / Michael
Wirsching. – Orig.-Ausg. – München : Beck, 1999
  (C. H. Beck Wissen in der Beck'schen Reihe ; 2119)
  ISBN 3 406 43319 7

Originalausgabe
ISBN 3 406 43319 7

Umschlagentwurf von Uwe Göbel, München
© C. H. Beck'sche Verlagsbuchhandlung (Oscar Beck), München 1999
Gesamtherstellung: C. H. Beck'sche Buchdruckerei, Nördlingen
Gedruckt auf säurefreiem, alterungsbeständigem Papier
(hergestellt aus chlorfrei gebleichtem Zellstoff)
Printed in Germany

Inhalt

1. Ein neues Kapitel einer uralten Geschichte

Psychotherapie ist nicht neu, sie ist aber vor ca. 150 Jahren in einen neuen Abschnitt ihrer jahrtausendealten Entwicklung eingetreten. Diese ist voll eindrucksvoller Fortschritte, aber auch gräßlicher Irrtümer, und die Zukunft ist ungewiß. Wo kommt die Psychotherapie her, welche Wege hat sie erprobt, und welche Möglichkeiten hat sie sich erschlossen oder verbaut?

Wir folgen in diesem Kapitel ganz wesentlich den Forschungen und Interpretationen, die der Psychotherapie-Historiker Henry F. Ellenberger 1973 mit seinem bahnbrechenden Werk *Die Entdeckung des Unbewußten* dargestellt hat.

1.1 Die Ahnen – Heiler, Priester, Philosophen

Erfahrungsmedizin (Naturheilkunde), religiöse und naturphilosophische Vorstellungen und Elemente der Psychotherapie sind in der Entwicklung der Heilkunde unauflösbar verbunden. Das Eindringen eines krankmachenden Objektes (z. B. eines Geistes), der Verlust der Seele, die Verletzung eines Tabus oder Hexerei sind die wiederkehrenden Hauptursachen, denen durch Austreibung, Beschwörung, Geständnis, Bußen und Gegenzauber begegnet werden soll.

Dies gibt es bis heute auch in unserer Kultur: Die Teufelsaustreibung (Exorzismus) bei Besessenheit, die Beichte von sündhaften Tabuverletzungen, Initiations-, Trauer- und Heilungsrituale – immer wird auf diese uralten Überzeugungen zurückgegriffen. Aus heutiger Sicht Vertrautes begegnet uns bereits bei den *Inkubation* (lateinisch: auf dem Boden liegen) genannten Heilungszeremonien, die im antiken Griechenland in den Äskulap-Tempeln gepflegt wurden: Der Hilfesuchende verbringt eine Nacht allein in einer Höhle und hat dabei Träume (Visionen), durch die er geheilt wird. Unterstützend wirken dabei Heilwasser aus der „Quelle des Vergessens" oder der „Quelle der Erinnerung" und ein „Sessel der Erinnerung". Das

Orakel, eine göttliche Eingebung, liefert die Lösungen der Lebenskonflikte. Hypnose wurde im alten Ägypten eingesetzt, um einen „hellsichtigen" Zustand herbeizuführen.

Bei allen diesen Frühformen stoßen wir auf die Grundlagen naturwissenschaftlicher Heilkunde, auf ein kultur- und zeitgebundenes Weltverständnis (Religion, Philosophie) und auf Methoden, die der heutigen Psychotherapie ähneln. Meistens sind alle drei Elemente – Naturwissenschaft, Weltverständnis und Psychotherapie – miteinander vermischt. Deren spätere Aufspaltung ist eine Besonderheit unserer modernen westlichen Kultur.

Frühzeitig begegnen wir auch unterschiedlichen „Schulen", die innerhalb der gleichen Kultur um die wahre Lehre streiten, wie etwa Platoniker, Aristoteliker, Stoiker oder Epikuräer im antiken Griechenland. Jede dieser Schulen hatte ihre Krankheits- und Behandlungstheorie und entwickelte Regeln für die Aufnahme ihrer Mitglieder und zu deren Stellungen in der Hierarchie. Andere (etwa Galen) bezeichneten sich ausdrücklich als Eklektiker, die das Gute und Wirksame aus allen Schulen zusammentrugen.

Die Entwicklung setzt sich in den christlichen Religionen fort. Die katholische Kirche übernahm die Beichte, das Gelübde, die Wallfahrt; die Protestanten ersetzten diese durch eine *Seelsorge* genannte psychologische Betreuung der Gläubigen, z. B. die Befreiung von krankmachenden Geheimnissen.

Was können wir aus der Geschichte über die Entwicklung der Psychotherapie lernen: Dogmatismus, Einseitigkeit des Denkens, soziale Unterdrückung und die Verweigerung einer kritischen Überprüfung sind unserem Verständnis von Psychotherapie entgegengesetzt.

Schauen wir nun, wie der Begriff Psychotherapie vor ca. 150 Jahren auftauchte und was sich die in immer schnellerer Folge gegründeten Behandlungsschulen alles haben einfallen lassen, und folgen wir weiter der bereits erwähnten grundlegenden Darstellung Ellenbergers (1973).

1.2 Mesmer, Charcot und die Folgen

In der europäischen Aufklärung wurden magische und religiöse Praktiken, vor allem die Hexerei und der Exorzismus kritisiert. Einer der letzten großen Geistheiler, der Dorfpfarrer Joseph Gassner (1727–1779) zog Scharen von Menschen aller Herkunft und aller Stände in seinen Bann. In Ellwangen (Württemberg) übte er in Anwesenheit berühmter und hochgestellter Zeugen seine Heilkunst in aller Öffentlichkeit aus. Eine heftige Kontroverse entspann sich um seine Person und um die Ergebnisse seiner Arbeit: Gassner, der selbst nach der Priesterweihe schwere Kopfschmerzen und Schwindelanfälle entwickkelt hatte, die sich immer verstärkten, wenn er die Messe zelebrieren wollte, war überzeugt, der Teufel stecke in ihm. Er fand in der Tat eine Linderung durch die Exorzismusgebete seiner Kirche.

Nachdem er die gleichen Erfolge auch bei anderen Menschen erzielte, schrieb er ein Büchlein, in dem er zwei Arten von Krankheiten unterschied: Krankheiten, die vom Arzt zu behandeln waren, und übernatürliche Leiden, die durch den Teufel oder durch Hexerei verursacht wurden. Um zwischen beiden Krankheiten zu unterscheiden, hatte er eine simple, aber wirkungsvolle Strategie entwickelt. Deren erster Schritt war, daß der Patient seinen christlichen Glauben und seine Bereitschaft zum Exorzismus versicherte. Dann wurde ein Probeexorzismus durchgeführt, indem Gassner die Dämonen beschwor, die Symptome hervorzubringen. Trat dies ein, war der Beweis einer übernatürlichen Verursachung erbracht, und der eigentliche Exorzismus konnte beginnen.

Im anderen Fall wurde der Kranke zum Arzt geschickt. Auf diese Weise sollte den Anforderungen der Kirche wie der Medizin Gerechtigkeit widerfahren. Niemand stellte Gassners Frömmigkeit und Selbstlosigkeit in Frage. Er war kein Betrüger. Dennoch wurde bezweifelt, ob die Wirkung wirklich auf der Teufelsaustreibung beruhte oder auf Einbildung und Suggestion.

In diesem Kampf von Aufklärung und Tradition im späten

18. Jahrhundert tauchte ein mächtiger Kontrahent Gassners auf: der süddeutsche Arzt Franz Anton Mesmer (1734–1815). Dieser erzielte bei den gleichen Krankheiten die gleiche Wirkung durch ein Vorgehen, das dem Gassners zwar sehr ähnelte, aber auf den Exorzismus verzichtete und sich auf ein Berühren und Bestreichen bestimmter Körperregionen beschränkte. Zusätzlich wurden am Körper befestigte und über den Körper bewegte Magneten eingesetzt. Die neuen Naturwissenschaften hatten den Teufel ersetzt! Zur Grundlage seiner Heilwirkung erklärte er ein von ihm entdecktes Prinzip des sogenannten *tierischen Magnetismus*, das auch Gassner angewendet habe, allerdings ohne es zu wissen.

Am Ende erlitt Mesmer das gleiche Schicksal wie sein Vorgänger: Zwei unabhängige wissenschaftliche Kommissionen wurden im Jahre 1784 vom französischen König eingesetzt. Ihnen gehörten die hervorragendsten Wissenschaftler der Zeit an, u.a. der Chemiker Antoine Laurent de Lavoisier, der Arzt Joseph Ignace Guillotin und der amerikanische Gesandte Benjamin Franklin. Nach umfangreichen wissenschaftlichen Versuchen kamen beide Kommissionen zu dem Ergebnis, daß es keinerlei Beweise für die Existenz eines tierischen Magnetismus gäbe. Es blieben also die psychischen Phänomene, deren Wirkung anzuerkennen diese Wissenschaftler aber nicht bereit waren. Mesmer ging es wie Columbus: Er hatte einen neuen Kontinent entdeckt, ohne es zu bemerken.

Wir verlassen nun Mesmers Entwicklung, die in Verbitterung und Vereinsamung endete. Der Mesmerismus als Bewegung lebte jedoch weiter, v.a. bei den Romantischen Medizinern Süddeutschlands.

Der englische Arzt James Braid, der den Mesmerismus neurophysiologisch untersuchte, führte 1843 den neuen Begriff *Hypnotismus* (gr./lat. Halbschlaf) ein. Die Hypnose erlebte eine rasante Ausbreitung, und erstmals taucht in Frankreich (Bernheim 1893) und Holland (van Eellen 1895) der Begriff Psychotherapie auf. In Amsterdam wurde die erste psychotherapeutische Klinik eröffnet, und am Burghölzli in Zürich wurde eine Hypnoseambulanz eingerichtet, wobei der damalige

Direktor Forel noch die originelle Variante einführte, das Pflegepersonal der Akutstation so zu hypnotisieren, daß sie ruhig schliefen, aber im Bedarfsfall zuverlässig aufwachten.

In Paris begann Jean Martin Charcot (1825–1893), einer der bekanntesten Neurologen seiner Zeit, an der berühmten Salpetrière mit eigenen Studien zur hypnotischen Behandlung der von ihm beschriebenen *Grande Hystérie*. Dieser Napoleon der Neurosen, ein Despot und Meister der Selbstinszenierung, wurde bald zu einer weltweiten Berühmtheit. Seine Vorlesungen und klinischen Demonstrationen zogen Wissenschaftler aus allen Ländern an (u. a. auch den jungen Sigmund Freud). Heute bleibt als sein Verdienst, der Psychotherapie und der Behandlung der Neurosen in den Wissenschaften und in der Öffentlichkeit Anerkennung verschafft zu haben. Allerdings wissen wir heute auch: Seine Patienten waren instruiert, wie sie sich zu verhalten hatten, und sie inszenierten das, was von ihnen erwartet wurde. Noch Jahre nach Charcots Tod waren alte, in der Klinik verbliebene Patienten bereit, gegen ein Entgelt einen hysterischen Anfall zu produzieren. 1928 feierte eine Gruppe von Pariser Surrealisten den 50. Jahrestag der Erfindung der Charcotschen Hysterie als die größte poetische Entdeckung am Ende des 19. Jahrhunderts.

Die kritische Auseinandersetzung mit den Arbeiten Charcots wurde zur Grundlage einer weiteren bahnbrechenden Pionierleistung, der Entwicklung der Psychoanalyse.

1.3 Das Jahrhundert der Psychotherapie beginnt

Das Zentrum der Entwicklung der Psychotherapie verlagerte sich um die Jahrhundertwende von Frankreich nach Österreich, genauer nach Wien, wo Sigmund Freud in steter Folge grundlegende Arbeiten zur Entstehung und Behandlung der Neurosen, speziell der Hysterie (1895), zur Traumdeutung (1900) und zur Sexualtheorie (1905) publizierte. Freud entwarf eine neue „Tiefenpsychologie", in der frühere, besonders belastende Lebenserfahrungen durch Abwehrarbeit (v. a. Verdrängung) dem Bewußtsein zwar entzogen werden, gleichwohl aber eine psychologische Wirkung behalten, die sich in Träumen, in sogenannten Fehlleistungen und in neurotischen Symptomen zeigt, wenn durch bestimmte Erlebnisse die unbewußten Konflikte wieder aufleben, also reaktualisiert werden. Die Symptome (z. B. eine neurotische Angst) sind der Ausdruck und die Folge untauglicher Konfliktlösungen angesichts einer Wiederkehr des Verdrängten. Mit anderen Worten: Das „Unbewußte" ist kein statisches Gebilde, keine Müllhalde schlimmer Erinnerungen, sondern ein lebendiges System mit Auswirkungen auf unser Seelenleben, von dem uns eben immer nur ein winziger Teil, die Spitze des Eisberges, bewußt ist oder dem Bewußtsein durch Erinnern zugänglich gemacht werden kann.

Dieses Modell des dynamischen Unbewußten, das durch neurobiologische Forschungen bestätigt und aufgewertet wird, ist der bis heute bleibende Beitrag der Freudschen Metapsychologie, wogegen andere Teile, vor allem die Triebtheorie und die Entwicklungspsychologie, der sogenannte *psychische Apparat* von Es, Ich und Über-Ich als weitgehend unbrauchbar und spekulativ und durch empirische Beobachtungen widerlegt gelten.

Ein bahnbrechender Beitrag Sigmund Freuds sind seine klinischen Entdeckungen, die es erlaubten, im Unbewußten gewissermaßen zu operieren, den Zugang zu den pathogenen Ursachen der Neurosen zu erschließen und Konfliktlösungen oder Nachreifung zu ermöglichen. Mit der Weiterentwicklung suggestiver und hypnotischer Methoden wurde die neue – *Psychoanalyse* genannte – Technik entwickelt. Diese wird in ihrer endgültigen Form so beschrieben, daß der Patient auf einer Couch ruht und sich der Therapeut außer Sichtweite schräg dahinter befindet. Der Patient wird aufgefordert, der sogenannten *Grundregel* folgend, frei zu assoziieren und alles zu sagen, was ihm in den Sinn kommt, gleichgültig wie unsinnig, unmoralisch oder peinlich es ihm erscheinen mag. Auf diese Weise werden Widerstände gegen die Aufdeckung der unbewußten Vorstellungen erkennbar und bearbeitbar. Neben der Analyse der Widerstände ist das Ausleben der unbewußten Erfahrungen, die Übertragung der unbewußten Vorstellungen auf den Therapeuten der zweite wichtige Zugang zum Unbewußten. Später wurden auch die im Therapeuten durch den Patienten aktivierten unbewußten Vorstellungen als sogenannte *Gegenübertragungen* ins Blickfeld gebracht.

Die freie Assoziation, die Bearbeitung von Widerständen und von Übertragungen und Gegenübertragungen, von Träumen, Fehlleistungen und Symptombildungen (die damit erstmals als sinnvolle kreative Leistungen erkannt wurden) formten von nun an den Grundkanon der sogenannten *konfliktaufdeckenden tiefenpsychologischen* bzw. *psychodynamischen Therapien*, die alle darauf gerichtet sind, den irrationalen, verdrängten, das Verhalten, die Gedanken und die Gefühle des Menschen gleichwohl bestimmenden unbewußten Vorstellungen Raum zu geben, um so diese Störeinflüsse überwinden zu können. Wo Es war, soll Ich werden, neurotisches Elend soll in ein allgemeines, betrauerbares, überwindbares oder zu akzeptierendes Lebensschicksal verwandelt werden.

Viele der behandlungstechnischen Beiträge der Psychoanalyse waren bereits von ihren Vorgängern (vor allem der Hypnose) angelegt worden: Die lange Zeit, die mit dem Patienten verbracht wird, die Aufdeckung belastender Erinnerungen, die Betonung der Vertrauensbeziehung von Arzt und Patient, der ungestörte Gedankenfluß in entspannter Haltung.

Freud hat seine Theorien und Methoden nicht aus sich selbst geschöpft, er war als äußerst belesener, kenntnisreicher Wissenschaftler ganz in das Denken seiner Zeit eingebunden. Ebenso unstrittig ist aber auch seine Pionierleistung, ein konsistentes Modell der Neurosenentstehung mit einer daraus abgeleiteten Technik ihrer Behandlung verbunden zu haben. Es gibt keinen Grund, die Person oder die Schwächen Freuds als unantastbar und unfehlbar zu überhöhen.

Ebenso unsinnig ist es, die Kritik an 100 Jahre alten Konzepten und an den überholten Forschungsmethoden der Pioniere oder die Einsicht, daß auch der Gründer Sigmund Freud und viele seiner Mitstreiter persönliche Unzulänglichkeiten aufwiesen, so auszuweiten, daß damit die heutige Psychoanalyse bzw.

dynamische Therapie oder gar die Psychotherapie als Ganzes in Frage gestellt werden. Die Psychoanalyse ist die erste Psychotherapieform, die unsere heutigen Ansprüche erfüllt: Sie verfügt über ein Modell der Krankheitsentstehung und über wirksame, empirisch überprüfbare, lehr- und lernbare Techniken.

Die Psychoanalyse hat in allen westlichen Ländern in der ersten Hälfte des 20. Jahrhunderts die immer stürmischer verlaufende Entwicklung der modernen Psychotherapie fast allein bestimmt. Sie ist mit dieser Alleinvertretung allerdings auch überfordert – als Theorie, als Behandlungsmethode und als Berufsorganisation. Erweiterungen ihres Theorie- und Praxisspektrums, z. B. die psychodynamische Psychotherapie, die Kurzzeittherapie, die psychoanalytische Gruppen-, Paar- oder Familientherapie, die stationäre Behandlung, waren ebenso nötig wie die Ergänzungen durch andere, nicht-psychoanalytische Theorien und Methoden. Deren Auftreten und die Art, wie die Psychoanalyse auf sie reagierte, führte Anfang der 50er Jahre zur ersten tiefe Krise der Psychoanalyse, eine existenzbedrohende Erschütterung, von der sie sich in weiten Teilen bis heute nicht erholt hat.

1.4 Wissenschaftlicher, wirksamer, wirtschaftlicher

Mit der Entwicklung der akademischen Psychologie in der ersten Hälfte des 20. Jahrhunderts wurden Theorien und Forschungsmethoden verfügbar, welche die psychoanalytisch orientierte Psychotherapie heftig in Frage stellten. Den Paukenschlag hierzu gab der legendäre H. J. Eysenck als frisch berufener Leiter einer neu gegründeten Abteilung für klinische Psychologie am angesehenen Institute of Psychiatry des Londoner Maudsley Hospitals. 1952 schrieb er einen Aufsatz, der alle bis dahin verfügbaren Studien zur Psychotherapie zusammenfaßte. Seine Schlußfolgerungen waren eindeutig. Die Psychoanalyse sei nicht nur wirkungslos, sondern sie behindere sogar die zu erwartende spontane Verbesserung von Ängsten, Depressionen und anderen psychischen Störungen!

Heute wissen wir, daß Eysencks Analyse auf statistischen Fehlern beruhte. Auch die frühen, von ihm ausgewerteten Therapiestudien belegen eine verlaufsbegünstigende Wirkung der Therapie. Aber Eysencks Arbeit hatte eine andauernde Verunsicherung zur Folge. Diese wurde noch dadurch verstärkt, daß Eysenck zugleich eine psychologisch und empirisch besser begründete Alternative anzubieten hatte: die Verhaltenstherapie. Von nun an kam die Entwicklung nicht mehr zur Ruhe. In einer erbitterten Kontroverse wurden tiefe Gräben zwischen der Psychoanalyse und der Verhaltenstherapie gerissen. Berufspolitische und ideologische Interessen gaben dem Schulenstreit anhaltende Nahrung.

Der Ausgangspunkt der neuen Behandlungsschule waren lernpsychologische Theorien und Experimente sowie die Einsicht, daß auch psychische Symptome, vor allem Ängste, auf erlerntem Verhalten beruhen und wieder „abgewöhnt", also „verlernt" werden können. Unbezweifelbare schnelle und sichere Erfolge in der Überwindung auch quälender und langdauernder Beschwerden wurden publiziert.

Das Theorie- und Methodengebäude wurde kontinuierlich erweitert, und immer geschah dies in enger Verbindung mit der empirischen psychologischen Forschung. Deren Experimente und Behandlungs-Wirkstudien trugen zur kontinuierlichen Überprüfung und Weiterentwicklung der wissenschaftlichen Hypothesen bei (vgl. Margraf 1996).

Ende der 50er Jahre wurde die Methode der systematischen Desensibilisierung eingeführt, die bis heute der Prototyp einer Verhaltenstherapie ist. Sie besteht im schrittweisen Abbau ängstigender Vorstellungen. Dazu kam bald die bis heute therapeutisch wichtige Exposition bzw. Konfrontation der angstbereitenden Situation (der enge Raum, der weite Platz, der hohe Turm). Damit hatte die Verhaltenstherapie schon gegen mindestens drei bis dahin als unumstößlich geltende Grundregeln der tiefenpsychologischen Psychotherapie verstoßen: Sie gab konkrete Anweisungen, wie die Patienten sich verhalten sollten, sie plante die Behandlung in Stufen und sie verließ gemeinsam mit dem Patienten die geschützte Behandlungsstube.

Die idealistische und aufklärerische Philosophie der Psychoanalyse prallte damit auf den pragmatischen und materialistischen Behaviorismus. Der hermeneutische Ansatz der Psychoanalyse als therapeutisch wirksame Kunst des Auslegens und Verstehens kollidierte mit den positivistischen Prinzipien der Verifizierbarkeit bzw. Falsifizierbarkeit durch empirische Forschung, die sich in den Ansätzen der Verhaltenstherapie niederschlugen. Bis in die jüngste Zeit belasteten wechselseitige Entwertungen, die meist eher auf Vorurteilen als auf differenzierten Kenntnissen beruhten, die Beziehung zwischen der Psychoanalyse und der Verhaltenstherapie. Es drohte eine weitreichende und für die Entwicklung der Psychotherapie hinderliche Polarisierung, bei der die einen bevorzugt nach den vor allem frühkindlichen Ursachen der Neurosen forschten, während die anderen vorschlugen, wie diese schnellstmöglichst und dauerhaft zum Verschwinden gebracht werden konnten. Es dauerte lange Zeit, bis diese beiden Seiten der gleichen Medaille wieder zusammengefügt wurden.

Die Verhaltenstherapie entwickelte sich in den 60er Jahren rasant weiter. Sie wurde in der Forschung und an den Universitäten führend, stieß aber in der Praxis immer wieder auf Vorbehalte, die ihre Ausbreitung behinderten. Diese Kluft wurde noch tiefer, als Bestrafungsreize (Stromschläge oder chemische Substanzen) eingesetzt wurden, um z. B. Alkoholmißbrauch oder abweichendes Sexualverhalten zu verändern (Aversionstherapie).

Diese heute wieder verlassenen Therapiewege wurden durch vielfältige Persiflagen populär und brachten die Verhaltenstherapie noch stärker in die Nähe zur in diesen Jahren ebenfalls heftig kritisierten Psychiatrie mit ihren Psychopharmaka. Auch die auf Tierexperimenten beruhenden Belohnungs- und Bestrafungsprogramme, die vor allem in der stationären Psychiatrie sehr erfolgreich waren (Token Economy, Operante Konditionierung), belasteten die Verhaltenstherapie weiter: Zigaretten, Sonderausgänge, Lob oder Entzug dieser materiellen und ideellen Vergünstigungen erinnerten an Schwarze Pädagogik. Diese Vorbehalte sind indessen überwunden, und in den 70er Jahren kam es sogar zu wesentlichen Erweiterungen und Konsolidierungen.

In der sogenannten *Verhaltensmedizin* (Behavioral Medicine) werden Hilfen geboten zur Krankheitsbewältigung und zur Minderung von Nebenwirkungen, etwa bei Chemotherapie, zur Verbesserung der Einhaltung medizinischer Empfehlungen wie Medikamentengaben und zur Steuerung vegetativer Körperfunktionen (z. B. Blutdruck) durch Rückkopplungen im Bio-Feedback. Besonders populär wurden die von Masters und Johnson (1970) entwickelten Programme zur Überwindung sexueller Störungen.

Den entscheidenden Durchbruch bewirkte die sogenannte kognitive Wende der Verhaltenstherapie. Zum Umlernen kam das Umdenken in der Therapie. Neben dem Verhalten wurden die Gedanken und Gefühle der Patienten wichtiger. Die von A. T. Beck (1976) zunächst in der Depressionsbehandlung eingeführten neuen Techniken, vor allem der Abbau negativer Denkmuster und der innere Dialog des Patienten, wurden bald zu einem zentralen Bestandteil der von nun an *kognitiv-behavioral* begründeten Verhaltenstherapie.

Als schließlich auch die neben den Behandlungstechniken erfolgsentscheidende Bedeutung der Behandlungsbeziehung anerkannt wurde, rückte die Verhaltenstherapie als zweite grundlegende Orientierung neben die Psychoanalyse. Daß die Psychoanalyse damit auch einen kräftigen Bedeutungsverlust zu verschmerzen hatte, tat ihrer Entwicklung eher gut, denn auch die moderne Psychoanalyse ist in ihren Theorien und Methoden nicht mehr mit der vor hundert Jahren von Sigmund Freud entwickelten identisch (Thomae und Kächele 1985).

Beide, Psychoanalyse und Verhaltenstherapie, haben ein Ergänzungsverhältnis, bei dem die eine – die Psychoanalyse – ihr Gewicht eher auf die für psychische Störungen anfällig machenden (sog. prädisponierenden oder vulnerabilitäts-steigernden) Faktoren legt und darüber hinaus versucht, die Entstehungsbedingungen einer psychischen Störung zu klären (Warum dieser Patient? Warum jetzt? Warum diese Symptomatik?). Verhaltenstherapie setzt dagegen stärker bei den symptomerhaltenden (z. B. chronifizierenden) Prozessen an. Sie hat eine ganz besondere Bedeutung bei der Behandlung sekundär-automatisierter Prozesse, die aus den ursprünglichen Symptomen hervorgegangen sind. Dies gilt z. B. für die Überwindung der Vermeidungsstrategien bei den Angststörungen. Beide, die Psychoanalyse und die Verhaltenstherapie, ergänzen einander, nur hatten sie es über weite Strecken nicht bemerkt oder bemerken wollen.

1.5 Selbsterfahrung, Selbsthilfe und viele neue Therapieformen

In einer Gegenbewegung zur orthodox und unengagiert geschmähten Psychoanalyse und zur mechanisch und schematisch genannten Verhaltenstherapie entstanden in den 60er und 70er Jahren vor allem in den USA sehr unterschiedliche Alternativen. Deren Gemeinsamkeit war das tiefe Mißtrauen gegen die medizinische Etikettierung psychischer und sozialer Konflikte und der Vorbehalt gegen medizinische Krankheitsmodelle. Charismatische Leitfiguren, Gründer und Pioniere traten auf und scharten Anhänger um sich, vergleichbar mit den frühen Jahren der Psychoanalyse. Bewegungen entstanden, die weltweite Verbreitung und Zuspruch erhielten. Die Gruppe, bald auch von der Psychoanalyse und der Verhaltenstherapie entdeckt, war das bevorzugte Medium dieser als *humanistische* oder *erfahrungszentrierte* Psychotherapie bezeichneten Richtung.

Einiges hatte schon eine lange Vorgeschichte, wie das von Jacob Moreno in den 30er Jahren bei der sozialtherapeutischen Arbeit mit Wiener Prostituierten geschaffene *Psychodrama* oder Fritz Perls' (1969) *Gestalttherapie*, der Prototyp der Verbindung von Körper- und Seelenarbeit. Die Hypnose wurde als *Hypnotherapie* vom querschnittsgelähmten Milton Erickson (1976) neu konzipiert. Anderes wurde zeitgemäß neu erschaffen wie die Bioenergetik oder das Neurolinguistische Programmieren.

Das Rennen machte aber in jeder Hinsicht die *klientenzentrierte Gesprächstherapie* von Carl Rogers (1978).

Rogers verstand Therapie als Begegnung zwischen den Menschen. Dem Klienten (die Bezeichnung Patient wurde bewußt vermieden) wird hier Zuversicht in seine eigenen Entwicklungsmöglichkeiten und in seine Fähigkeiten zur selbständigen Konfliktlösung vermittelt. Diese Grundhaltung hatte zur Folge, daß in der Behandlung der größtmögliche Entwicklungsraum eröffnet und zur freien Gestaltung überlassen wurde, ohne direkte Einmischung des Therapeuten. Dieser Grundsatz des Non-direktiven unterscheidet die Gesprächstherapie von ihren Vorgängerinnen, der Psychoanalyse und der Verhaltenstherapie. Non-Direktivität bedeutet jedoch keinesfalls, daß der Therapeut passiv verharrt, den Patienten gewissermaßen hängen läßt. Im Gegenteil, die Gesprächstherapie ist ein durchaus aktives und strukturierendes Verfahren. Die Aktivitäten des Therapeuten werden jedoch von der beschriebenen Grundhaltung anstatt von Techniken bestimmt.

Carl Rogers hat sich zeitlebens gescheut, detaillierte methodische Anweisungen zu formulieren, weil er das Schicksal seiner Vorgänger vor Augen hatte, die Gefahr liefen, sich in Routine und Schematik zu verlieren: Bedingungsfreies Akzeptieren des Klienten wird vom Therapeuten durch emotionale Wärme gefördert, die auf einer tiefen Wertschätzung, dem Respekt vor der Eigenart der menschlichen Existenz, dem ersten Grundprinzip, beruht. Dazu gehört auch das Vertrauen in die Fähigkeit des anderen, seine Lebensentwicklung konstruktiv zu gestalten. Dies heißt nicht, mit allem, was der Klient tut oder sagt, einverstanden zu sein, fordert aber die Bereitschaft, sich in das Denken und Erleben des anderen einzufühlen.

Dies ist das zweite Prinzip: Empathie. Das einfühlende Verständnis als Hilfsmittel zum erweiterten Selbstverständnis des Patienten, indem der Therapeut sozusagen in einem inneren Dialog des Betroffenen als Alter ego zur Verfügung steht, ohne den Patienten mit seinen eigenen Schlußfolgerungen oder Wertschätzungen zu indoktrinieren.

Diese Empathie darf nicht geheuchelt sein: Echtheit ist das dritte Grundprinzip der klientenzentrierten Gesprächstherapie. Der Therapeut ist nicht nur ein Spiegel der Gedanken und Gefühle des Patienten, sondern er begegnet ihm als echtes Gegenüber. Die Beziehungsklärung, die Konfrontation mit Widersprüchen und die Offenlegung des eigenen Erlebens bestimmen die Kommunikation.

Die Gesprächstherapie ist ein weit verbreitetes und in großem Umfang in seinen Wirkungen empirisch untersuchtes psychotherapeutisches Verfahren. Sie wies frühzeitig auf die Bedeutung einer als hilfreich und verständnisvoll empfundenen Beziehung zwischen Patient und Therapeut hin, von der wir heute nach zahlreichen empirischen Studien wissen, daß sie das allgemeine Wirkprinzip jedweder Therapie ist. Sie ist mit ihren Grundhaltungen, der Vorurteilsfreiheit, der Offenheit, des Respekts und des Vertrauens in die Entwicklungskraft und in die Individualität des einzelnen Menschen zum Prototyp der *humanistischen, erfahrungsorientierten Psychotherapie* geworden.

1.6 Patient, Familie, System

Nach dem Psychoboom der 60er Jahre wurde die jüngste, bis heute andauernde Entwicklung von dem erweiterten Verständnis der Wechselwirkungen im Beziehungssystem, v. a. der Familie, bestimmt. Die Ursprünge reichen weit in die Geschichte der Psychotherapie zurück. In den 30er Jahren hatten Psychoanalytiker begonnen, sich mit Familienneurosen und Paarkonflikten zu beschäftigen. In den 50er Jahren trafen Pioniere zusammen, die begonnen hatten, mehrere Mitglieder einer Familie zu gemeinsamen Gesprächen einzuladen. Sie erweiterten damit ihr bislang psychoanalytisch geprägtes Denken. In Deutschland machte Horst Eberhard Richter den „Patienten Familie" (1970) populär. Das Paar- und Familiengespräch wurde neben dem Einzel- und Gruppengespräch die dritte grundlegende Gesprächsform (*Setting*) der Psychotherapie.

Aus der Familientherapie entwickelte sich die *Systemische Therapie*, welche beansprucht, eine ganz eigene Schule zu sein, mit eigenen Krankheitstheorien, Methoden und Anwendungsformen im Einzel-, Gruppen- oder Familiengespräch. Dies ist eine überwiegend europäische Entwicklung, die von Mara

Selvini (1977) und Mitarbeitern in Mailand und Helm Stierlins (1977) Team in Heidelberg vorangetrieben wurde. In anderen Ländern, vor allem auch in den USA, liegt das Schwergewicht weiter auf der Familientherapie. Was nun eigentlich „systemisch" bedeutet, ist inzwischen einigermaßen unübersichtlich geworden. Es werden heute in den einschlägigen Lehrbüchern (vgl. von Schlippe und Schweitzer 1996) drei Hauptrichtungen und zehn unterschiedliche Schulen genannt, die eher dem Zusammengehörigkeitsbedürfnis der Schüler oder der Abgrenzungseitelkeit der Lehrer dienen, als daß sie theoretischen oder praktischen Nutzen hätten.

Anders als bei den bisher genannten Ansätzen, einschließlich der Paar- und Familientherapie, ist der künftige Status der Systemischen Therapie als neuer Schule ungewiß. Einige ihrer methodischen Beiträge, insbesondere die Möglichkeit der Gesprächsgestaltung und der Intervention bei schweren und belastenden Konflikten, werden überdauern. Bezüglich der Zukunft der theoretischen Beiträge der Systemiker sind Zweifel angebracht. Manches ist bereits mit dem schwindenden Interesse am philosophischen Werbegag der Postmoderne in den Hintergrund getreten. Vieles scheint anregend für Fachphilosophen, jedoch kaum übertragbar auf klinisches Denken, und manches ist oder war längst Bestandteil allgemeiner psychologischer Theorien und Therapien (z.B. Ressourcenorientierung, Selbstorganisation, Subjektivität der Wahrnehmung).

Systemische (Familien-)Therapie hat sich aus den ihr vorausgehenden Ansätzen entwickelt, sie hat ihrerseits die anderen Ansätze ergänzt und spricht in besonderem Maße den Zeitgeist der nachindustriellen Informationsgesellschaft an. Die systemischen Ansätze bereichern die Vielfalt der heutigen Psychotherapie, und sie sind sehr geeignet, die Vielfalt heutigen Menschenlebens zu erhalten, insofern kommen sie zur rechten Zeit. Aber sie sind eingebunden in die Entwicklungen heutiger Psychotherapie.

1.7 Wie weiter? – Forschung und Entwicklung

Die Psychotherapie entwickelt sich weiter. Eine wichtige Aufgabe ist die Verknüpfung und Integration des Vorhandenen in theoretischer, methodischer und versorgungspolitischer Hinsicht. Dazu gehören Grundlagen- und Anwendungsforschung. Die erstgenannte Aufgabe wird die theoretischen Grundlagen und die Einsichten in die Wirkweisen der Psychotherapie auch in neurobiologischer Hinsicht erweitern. Die Praxisforschung wird allgemeine und störungsspezifische Hinweise zur Gestaltung der Behandlung liefern, die den Versorgungsalltag und die Ausbildung von Psychotherapeuten leiten sollen. Die heute gültigen psychotherapeutischen Konzepte sind die psychodynamischen, die kognitiv-behavioralen und die systemischen. Die humanistischen (erfahrungsorientierten) Psychotherapien liefern verbindende Grundlagen und spezielle kreative Erweiterungen und Alternativen. Die Pionierzeit der Psychotherapie ist damit abgeschlossen. Das psychotherapeutische Paradigma ist entwickelt und etabliert. Was jetzt kommt, ist die normale wissenschaftliche Aufräum-, Ordnungs- und Entwicklungsarbeit.

2. Psychoanalyse, Verhaltenstherapie und systemische Therapie bestimmen die heutige Entwicklung der Psychotherapie

2.1 Jenseits vom Schulenstreit

Nach der kurzen historischen Einführung wollen wir jetzt die wichtigsten und grundlegenden Behandlungsverfahren genauer betrachten. Dabei wird weniger eine auf Abgrenzung und Konkurrenz gerichtete Darstellungsform gewählt, als eine, die die besonderen Beiträge der Psychoanalyse, der Verhaltenstherapie, der (systemischen) Familientherapie und der humanistischen Therapie erkennen läßt. Diese können bei bestimmten Problemen und in Behandlungsphasen für den individuellen

Patienten mehr oder weniger hilfreich sein, und oft führen verschiedene Wege zum gleichen Ziel. Die Behandlungsschulen sind ein wesentlicher Bestandteil unserer psychotherapeutischen Kultur. Sie sichern die Vielfalt und die Individualität, und sie ergänzen einander. Eine von ihnen abzuschaffen hieße schwerwiegende Folgen zu riskieren. Eine zu ignorieren heißt sein eigenes Verständnis und Wirkungsspektrum ohne Not zu beschränken. Nicht jeder Therapeut muß alles können, aber er muß alles Wichtige wissen. Dem Patienten allein die Orientierung in der Psychotherapie zu überlassen ist unnötig und unfair. Wir bewegen uns jenseits vom Schulenstreit (Wirsching 1998).

Es sollte deutlich geworden sein, daß jede Schule ganz besondere Beiträge zur Psychotherapie leistet, die zusammen mit den im folgenden Kapitel beschriebenen allgemeinen Wirkungen der Psychotherapie über den Behandlungserfolg entscheiden.

2.2 Von der Psychoanalyse zur psychodynamischen Therapie

Die Psychoanalyse als hochfrequente Langzeitbehandlung kommt heute nur selten zur Anwendung. Diese hat ihr Schwergewicht in der Ausbildung von Therapeuten (Lehranalyse) und bei schwer und tiefgreifend gestörten Menschen, die eine Persönlichkeitsentwicklung brauchen und suchen, oder bei Menschen, die in bestimmten Abschnitten ihres Lebens ein tieferes Verständnis ihrer Motive und Konflikte, ihrer Lebensmöglichkeiten und ihrer Lebensgrenzen suchen – auch jenseits der bloßen Beseitigung psychischer Symptome. Psychoanalyse als Reifungs- und Entwicklungserfahrung wird gern verspottet, dabei verdient sie höchsten Respekt. Daß Menschen sich die zeitintensive Mühe machen, ihr Leben bewußter zu gestalten, ist eine großartige Kulturleistung, deren Wert nicht nur für den einzelnen, sondern für unsere gesamte Gesellschaft sehr hoch ist. Der Vorwurf zu hoher Kosten ist demgegenüber unpassend. Es gibt keine Psychoanalyse ohne Anlaß, niemand unterzieht sich dieser Mühsal ohne schwerwiegende Gründe. Zum anderen betragen die tatsächlichen Kosten für die Gemeinschaft weniger als Promille der sonst aufgewendeten Gesundheitsleistungen (eine Psychoanalysestunde kostet die Krankenkasse ca. 80–90 DM, bezahlt werden in der Regel max. 240 Stunden). Mit den finanziellen Aufwendungen für die Psychoanalyse verhält es sich wie mit dem Kulturetat, wo das Geld gut angelegt ist. Es käme doch auch niemand auf die Idee, die hochsubventionierte Oper durch kostengünstigere Musikvideos zu ersetzen!

Im psychotherapeutischen Alltag stehen die aus der Psychoanalyse hervorgegangenen tiefenpsychologischen oder psychodynamischen Behandlungskonzepte im Vordergrund. Sie beruhen auf den gleichen theoretischen und methodischen Grundannahmen wie die Psychoanalyse, sind aber in ihren Zielen, in ihrem Aufwand und in ihren Ergebnissen begrenzter. Hier steht in der Regel ein handfestes, psychisches Symptom im Vordergrund, das durch Auflösung der krankmachenden Ursachen geheilt werden soll.

Der international gebräuchliche Begriff *psychodynamisch* (in Deutschland *tiefenpsychologisch*) verweist auf eine Grundannahme dieser Richtung: die größtenteils unbewußte Wirkung (Dynamik) seelischer Vorgänge. Dynamisch bedeutsam sind vergangene Lebenserfahrungen, deren periodisches Wiederaufleben (Reaktualisierung) mit schmerzlichen, beunruhigenden oder peinlichen Gefühlen einhergeht. Um diese oft sehr starken, geradezu überwältigenden Gefühle erträglich zu halten, braucht es seelische Abwehrmechanismen. Deren gebräuchlichste sind: Verdrängung, Rationalisierung (Vernunfterklärung), Spaltung (gut/böse), Verleugnung (ungeschehen machen) und Projektion (der Splitter im Auge des anderen).

Ängste, Depressionen, die bei bestimmten angeborenen oder erworbenen Anfälligkeiten in Phasen der Reaktualisierung der Konflikte auftreten, wirken irrational, befremdlich, unangemessen für den Leidenden wie für sein Umfeld. Sie werden erst nachvollziehbar, wenn ihre Herkunft im früheren Leben des Patienten verstanden wird. Es handelt sich um erinnerte Vorstellungen und Gefühle, die bei passender Gelegenheit wieder aufleben. Die aktuelle Konflikt- oder Belastungssituation ist nicht die Ursache, sondern der Anlaß für ein Wiederaufleben längst vergessen geglaubter Erfahrungen. Ein drohender oder tatsächlicher Verlust läßt alten Trennungsschmerz wiedererscheinen. Eine tatsächliche oder nur eingebildete Bedrohung läßt Verletzungsängste zum Vorschein kommen. Eine Leistungsanforderung, z. B. eine Prüfung, läßt Selbstzweifel und Minderwertigkeits- oder Schlechtigkeitsgefühle aufleben. Oft ist der Anlaß ein objektiv geringfügiger, der aber subjektiv für den Betroffenen, für seine eigene Entwicklung eine wichtige Bedeutung hat.

Weil diese Vorstellungen größtenteils unbewußt sind, verwechselt der Betroffene den aktuellen Anlaß mit den früheren Ursachen. Er reagiert, als müßte er noch einmal die belastende Kindheit durchleben. Ein wesentlicher Teil der Behandlung ist die Bewußtmachung dieser Zusammenhänge, wodurch dem Patienten die Unterscheidung der erinnerten, gleichwohl äußerst belastenden Gefühle und der realen aktuellen Belastungen möglich wird. Zugleich erfährt er auf diesem Wege, wie seine Versuche der Abwehr und Bewältigung der immer wieder auftauchenden früheren Belastungen Folgen für sein Seelenleben und für seine Beziehungen zu anderen Menschen haben: Er versteht, wie die Problemlösungsversuche im Laufe seiner Entwicklung zum eigentlichen Problem wurden.

Der Trennungsgeschädigte vermeidet engere Beziehungen, der Versagensängstliche traut sich nichts zu, das Gewaltopfer schlägt selbst unvermittelt und frühzeitig zu, um sich zu schützen. Abwehrmechanismen werden zur zweiten Natur. Die Fassade schützt, läßt aber auch abprallen, macht unempfindsam. Wo nichts bewältigt, sondern bevorzugt verdrängt, verleugnet, rationalisiert wird, entsteht ein Minenfeld heikler, ängstlich oder peinlich vermiedener Tabus. Das Leben und der Entwicklungsraum werden eingeengt. Auf tragische Weise wird gerade das, was am meisten vermieden werden soll, durch kurzfristig wirksame, auf mittlere Sicht aber untaugliche Abwehrversuche heraufbeschworen. Wer sich nicht auf Beziehungen einläßt, der wird allein bleiben. Wer sich nichts zutraut, der bleibt hinter seinen Möglichkeiten zurück und benachteiligt. Wer sich ständig schützen und aggressiv kämpferisch zur Wehr setzen muß, wird fortwährend in Kämpfe verwickelt. Diese sogenannten Wiederholungszwänge stehen im Mittelpunkt einer peinvollen Erfahrung, die wir gewöhnlich als Neurose bezeichnen. Dies ist eine Störung des Erlebens und des Verhaltens aufgrund konflikthafter psychischer Entwicklungen.

Zurück zur Therapie. Hier fehlt uns noch ein wesentliches Element der Neurosenentstehung und damit der Heilung: die Wirkung der frühen Beziehungserfahrungen auf die psychische Struktur des Menschen. Wir haben erst seit wenigen Jahren Forschungsbeweise für das, was allen schon immer bewußt war (Stern 1992): Daß eine stabile, vertrauensvolle und herzliche Familienerfahrung einen Schutz vor späteren psychischen Störungen bietet. Eine konstruktive Bindungserfahrung ist ein wichtiger Schutzfaktor, der eine positive Lebensentwicklung entscheidend begünstigt.

Die dynamische Psychotherapie ist neben ihren aufdeckenden, bewußtseins- und einsichtfördernden Anteilen auch darauf gerichtet, daß die durch negative verunsichernde frühere Bindungserfahrungen erhöhte Störungsanfälligkeit (erworbene Vulnerabilität) mit Hilfe verändernder neuer Beziehungserfahrungen überwunden wird. Es wird eine Nachreifung angestrebt, ein dauerhafter Schutz vor weiteren psychischen Erkrankungen. Diese Nachreifung beruht mit hoher Wahrscheinlichkeit auch auf neurobiologischen Veränderungen im menschlichen Gehirn. Die angeborenen und vererbten Anfälligkeiten lassen sich auf diese Weise ausgleichen. Diese entscheiden weniger über die Erkrankungshäufigkeit als über die Erkrankungsart, d. h. die Symptomwahl.

Die Einsicht in unbewußte Seelenerfahrungen und die Beziehungsarbeit sind die beiden grundlegenden Beiträge dynamischer Psychotherapie, die durch keine der anderen Schulen ersetzt werden können.

Für die Behandlungspraxis folgen daraus Techniken und Methoden, die der dynamischen Psychotherapie ihre eigene Form geben. Im Mittelpunkt steht das therapeutische Gespräch. Dieses wird relativ wenig durch Fragen des Therapeuten gesteuert und verläuft eher unstrukturiert. Es geht darum, die bereits von Sigmund Freud (1895) eingeführte Grundregel zu befolgen: alles zu berichten, was einem einfällt, vor allem auch die peinlichen, ängstigenden und vermiedenen Themen. Wo dies nicht gelingt, soll darüber gesprochen werden, was das Sprechen erschwert, welche Vorbehalte bestehen. Auf diese einfache, aber wirkungsvolle Weise wird neben den vordergründigen Mitteilungen des Patienten zunehmend deren unbewußter Anteil zugänglich. Dieser zeigt sich im wesentlichen auf zwei Wegen: zum einen durch die besondere Beziehung, die sich in diesem unstrukturierten Raum zwischen Therapeut und Patient entwickelt. Die problematischen, zentralen Beziehungskonflikte des Patienten werden im Sinne des oben dargestellten Wiederholungszwanges auf die Gesprächssituation übertragen, damit verstehbar und so unmittelbarer Bearbeitung zugänglich. Der ängstlich Vermeidende verhält sich auch hier ängstlich und vermeidend, es kann ihm aber bewußtgemacht werden, es kann darüber gesprochen werden, welche früheren, meist kindlichen Erfahrungen dem zugrunde liegen. Der Patient kann sich Alternativen vorstellen und diese erproben. Ähnlich geht es dem aggressiv gereizten Kränkbaren, der erstmals erlebt, daß eine hoffnungsvoll begonnene Beziehung nicht wieder im Desaster endet, der erstmals versteht, wie er selbst unbewußt auf den Therapeuten aggressive oder verletzende frühere Beziehungserfahrungen übertragen hat und daß dieser ihm keineswegs Böses will.

Selbstverständlich ist der Therapeut kein Spiegelbild, kein unbeschriebenes Blatt, sondern er steht in einer intensiven Wechselbeziehung zum Patienten, bei der es wesentlich ist, daß er selbst seinen eigenen Anteil, seine eigenen Wiederholungszwänge, also seine Gegenübertragungen von den Beiträgen des Patienten zu unterscheiden vermag. Der Therapeut soll seine eigenen Ängste, Kränkbarkeiten, Sehnsüchte, die vom Patient berührt und geweckt werden, verstehen und beherrschen.

Gegen die Aufdeckung unbewußter Erfahrungen regen sich im Patienten (wie vermutlich auch im Leser) Widerstände. Der

Patient, der schon so vieles durchlitten hat, glaubt mit der Übertragungsdeutung: „Kann es sein, daß Sie mich so verletzend und demütigend erleben wie früher Ihren Vater?", er werde nun zu guter Letzt noch selbst zum „Schuldigen" gemacht, als habe er sich alles Schlimme nur eingeredet oder eingebildet, als würde der gewalttätige Vater im nachhinein noch reingewaschen. Dies kann sogar die therapeutische Beziehung in Frage stellen. Die Bearbeitung von Übertragungen, Gegenübertragungen und Widerständen bietet den besten Zugang zu den unbewußten pathogenen Prozessen. Die Grundlage dafür ist aber eine stabile, als vertrauenswürdig und hilfreich empfundene therapeutische Beziehung. Darin gleicht die psychodynamische Therapie allen anderen Behandlungsschulen, und deshalb werden wir die Beziehungsgestaltung später bei den allgemeinen Wirkfaktoren der Psychotherapie ausführlich besprechen.

Wir halten fest, daß die psychodynamische Therapie sich aus *Erinnerungsarbeit* und *Beziehungsarbeit* zusammensetzt. Erinnert (rekonstruiert) werden Erlebens- und vor allem auch Gefühlsanteile früherer Lebenserfahrungen. Beziehungsarbeit schließt neue, verändernde Erfahrungen ein. Die Entwicklung stabiler Repräsentanzen innerer Bilder, die vertrauenswürdige Orientierung geben und maßstabgebende innere Beziehungspunkte sind, treten an die Stelle innerer Leere und äußerer Abhängigkeiten. Im Behandlungsprozeß geht beides ineinander über. Eine sich gleich zu Anfang entwickelnde positive Übertragungsbeziehung ermöglicht den ersten angstfreien Zugang auch zu schwierigen Erinnerungen, und die besser verstandene Lebensentwicklung ist vertrauens- und beziehungsfördernd: Kein Verständnis ohne Vertrauen und kein Vertrauen ohne Verständnis!

Deshalb ist in der psychodynamischen Therapie der Übergang zwischen Diagnostik und Therapie fließend. Zwar steht am Anfang die Anamnese: die Schilderung der Beschwerden, der Versuch, sich an eine auslösende Situation zu erinnern, die Schilderung wesentlicher Lebenserfahrungen, die Rekonstruktion der Beziehungen zu wichtigen Personen wie den Eltern, Geschwistern oder anderen Mitgliedern der Familie, die Vorstellungen des Patienten von seiner eigenen Person und die eigenen Vorstellungen über die vermutlichen Ursachen der Störung und wie diese überwunden werden soll. All dies geht aber nur so weit, wie der Behandlungsprozeß über vordergründige Daten hinausgehende Einsichten zuläßt. Die Behandlung muß sich entfalten können.

2.3 Umlernen und Umdenken –
Die kognitiven Verhaltenstherapien

Die Verhaltenstherapien sind die am gründlichsten empirisch überprüften Behandlungsformen, die zugleich am konsequentesten auf die allgemeinen Theorien heutiger Psychologie Bezug nehmen. Dies sind vor allem die *Lernpsychologie*, die *Kognitionspsychologie*, die *Sozialpsychologie* und die *Psychophysiologie*. Sie sind, wie man mit Fug und Recht sagen kann, die psychologischen Psychotherapien schlechthin. Dennoch ist das Bild in der Öffentlichkeit, insbesondere bei den Ratsuchenden, nicht ungetrübt, und die Verbreitung bleibt weit hinter dem verkündeten Nutzen zurück. Dies gilt auch für die USA, wo eine große Erhebung der Verbraucherorganisationen (Seligman 1995) eine erstaunlich geringe Orientierung der Konsumenten an der empirischen Wirksamkeitsforschung zeigte. Dies mag zum Teil an mangelnder Aufklärung oder an fehlenden Behandlungsplätzen liegen, hat aber auch mit dem öffentlichen Bild der Verhaltenstherapie zu tun, die immer noch gegen das Vorurteil ankämpft, ein einfach gestricktes, mechanistisches und dressierendes Verfahren zu sein. Diese Sicht ist durch die heutige Praxis nicht gerechtfertigt.

Die Psychotherapie verdankt der Verhaltenstherapie wesentliche Beiträge, ohne die ein verantwortungsvolles Arbeiten nicht mehr vorstellbar ist. Dazu gehören: die theoretische Verankerung der Psychotherapie in der allgemeinen Psychologie, das Ernstnehmen der Symptome und ihrer entstehungsfördernden und aufrechterhaltenden Bedingungen, die Entwicklung spezifischer Programme für bestimmte Störungen (z.B. Eßstörungen, Schmerztherapie, Sexualtherapie, Angsttherapie etc.) sowie die empirische Überprüfung der eigenen Arbeit in kontrollierten Behandlungsstudien oder zu Zwecken der Selbstevaluation und des Qualitätsmanagements. Wohlgemerkt, viele dieser Beiträge sind längst von den anderen Behandlungsschulen übernommen worden, und werden dort schon längst beachtet, aber ihre Entwicklung verdanken wir der Verhaltenstherapie.

Darüber hinaus sind die spezifischen Methoden der kognitiven Verhaltenstherapie, wie sie allein oder in Kombination mit anderen Verfahren angewandt werden, heute ein unverzichtbarer Bestandteil der allgemeinen Psychotherapie. Wenn wir von den grundlegenden Fertigkeiten, die jeder Psychotherapeut beherrschen muß, absehen (z. B. Gesprächsführung, Beziehungsgestaltung, Einfühlung, Konfliktverständnis, Motivierung etc.), dann sind es vor allem drei große Gruppen spezieller verhaltenstherapeutischer Techniken, denen heute große Bedeutung zukommt (zur genaueren Information siehe Margraf 1996).

Zum ersten sind dies die *lernpsychologischen Methoden*, wie sie zuerst und bis heute am erfolgreichsten bei der Behandlung von Angststörungen eingesetzt werden. Deren Grundannahmen sind einfach, plausibel und vielfach empirisch überprüft: Der Angst liegen Fehlvorstellungen und Fehlschlüsse zugrunde, Erwartungen, daß es zu katastrophalen, geradezu lebensbedrohenden Folgen kommen könnte. Die so noch gesteigerte Angst geht mit körperlichen (vegetativen) unguten Begleiterscheinungen einher wie Blutdruckabfall, Pulsrasen, Schwindel, Schwitzen, Übelkeit bis zur Ohnmacht. Diese werden als weitere Beweise einer Bedrohung fehlinterpretiert und führen zu weiter gesteigerter Angst, der nur durch Fluchtversuche (heraus aus dem überfüllten Saal, herunter vom hohen Turm, weg vom weiten Platz) und künftig noch strikterer Vermeidung der angstauslösenden Situationen begegnet werden kann: kein Kino, kein Turm, kein Flug, kein Tunnel, keine Entfernung. Die zunehmenden Vermeidungen lassen die Angst vor der Angst steigen, ein kontinuierlich verengter Teufelskreis läßt einen Berg unbewältigbarer Alltäglichkeiten wachsen, das Leben wird eingeschränkter, unglücklicher und leidvoller. Konflikte mit der Umgebung, etwa der Familie, am Arbeitsplatz, im

Freundeskreis beschweren das Leben weiter. Wenn ein solcher symptomerhaltender und symptomverstärkender Bedingungskreis mit dem Patienten herausgearbeitet wurde, liegt es nahe, das Fehlverhalten und die Fehlhaltungen, die sich über Monate und Jahre entwickelt haben, rückgängig zu machen, die Angst abzubauen oder abzugewöhnen. Die älteste hierfür eingesetzte Technik heißt *systematische Desensibilisierung*. Sie enthält die folgenden Elemente (Reinecker 1997): Erstens die Erstellung einer Rangfolge (Hierarchisierung) – Was macht am meisten Angst? Zweitens das Erlernen eines angstmindernden Entspannungsverfahren, insbesondere der *Progressiven Muskelrelaxation*, und schließlich drittens ein stufenweises gedankliches oder reales Herangehen an die angstauslösende Situation (*Exposition*). Je mehr der Patient erlebt, daß er die Angst „beherrschen" kann, daß er sich wieder an die ängstigende Situation gewöhnt hat (Habituation), um so eher wird das unerwünschte Angstverhalten überwunden, sozusagen gelöscht. Die Fehlwahrnehmung normaler Körperprozesse, die Fehlinterpretation der inneren Angst als äußere Gefahr und der Verlust des Zutrauens in die eigenen Kräfte werden auch gedanklich überwunden. Der Patient fühlt sich freier, selbstbewußter und lebensfroher, was ihm auch von seiner Umgebung bestätigt wird.

Eine Methode, die fast als Wunderheilung auch schwerer und hartnäckiger Angststörungen in den letzten Jahren propagiert wurde und die sich trotz vieler Vorbehalte zu einem wertvollen Beitrag heutiger Psychotherapie entwickelt hat, ist die sogenannte Exposition, die auch als Konfrontation, Reaktionsverhinderung oder Reizüberflutung bezeichnet wird. Kurz gesagt geht es darum, dem Patienten das abzuverlangen, was er am meisten fürchtet, nämlich sich der angstauslösenden Situation auszusetzen, ohne flüchten zu können. Die Patienten erlebten, daß die befürchteten Katastrophen – der Herzinfarkt, das Durchdrehen, die Beschämung – nicht eintreten („Ich schaffe es, ich kann standhalten"). Für ein Gelingen braucht es wieder eine vertrauensvolle, tragfähige Beziehung, eine gute Vorbereitung und genügend Zeit (ein bis zwei Stunden mindestens). Die Exposition muß in der Regel wiederholt werden, wodurch im günstigen Fall (80 bis 85% der Fälle) eine andauernde Überwindung der Angst erreicht wird. Dies heißt nicht, daß nicht andere Probleme, von denen die Angst ein Teil war, weiter mit dem Patienten bearbeitet werden, aber die Überwindung eines über viele Jahre quälenden Zustandes ist bereits ein gewaltiger Fortschritt.

Eine weitere große Gruppe lerntheoretisch begründeter verhaltenstherapeutischer Methoden ist die Veränderung unerwünschter Verhaltensweisen durch Belohnung und/oder Bestrafung, die sogenannte *operante Konditionierung*. Diese ist bei der Behandlung von Eßstörungen und in der Psychiatrie weit verbreitet. Positive Verstärkungen (Lob, Ausgang, Zigaretten) oder negative Konsequenzen (Tadel, Ausgangssperre, Bettruhe) werden eingesetzt, um gewünschte Verhaltensweisen, z.B. ein geändertes Eßverhalten, die Teilnahme an sozialtherapeutischen Rehabilitationsmaßnahmen etc. zu fördern. Dazu gehören auch Behandlungsvereinbarungen (Verträge), in denen die Ziele, die Schritte zu deren Erreichung und die Konsequenzen bei deren Nichteinhaltung festgelegt werden.

Auch hier kommt bei Laien wie Fachleuten Unbehagen auf. Entscheidend ist die Grundhaltung der Therapeuten, die eben nicht von Macht und Manipulation bestimmt sein darf, sondern auf die Stärkung der Autonomie und der Entscheidungsmöglichkeiten der Patienten gerichtet sein muß.

Wir übergehen weitere lernpsychologische Zugänge wie das *Lernen am Modell* oder das *Selbstsicherheitstraining* (Selbstkontrolltechniken) aus Platzmangel und gehen zu einer anderen großen Gruppe heutiger verhaltenstherapeutischer Methoden über, den sog. *kognitiven Techniken*, die statt eines Umlernens (Trainierens) ein Umdenken zum Ziel haben und die seit den 80er Jahren zu einer Ausweitung des Behandlungsspektrums und der Methoden beigetragen haben.

Die sogenannte kognitive Wende der Verhaltenstherapie ist verbunden mit dem Namen von A. T. Beck (1976). Dieser ging von der Behandlung schwerer und chronischer Depressionen aus und wurde bald zu einem Erneuerer der Verhaltenstherapie und darüber hinaus der gesamten Psychotherapie.

Im Mittelpunkt steht die Veränderung von Denkschemata (negatives Denken, Selbstbeschuldigungen etc.), von Wahrnehmungsschemata (z. B. das andauernde Gefühl, feindselig behandelt zu werden) sowie von festgefügten Formen des Empfindens, letztlich auch der Bewertung, Zuschreibung (Attribution) und Erwartung.

Wenn Verhaltensänderungen kognitive Veränderungen nach sich ziehen, dann sind Veränderungen des Denkens auch verhaltensbestimmend. Beides, Denken und Verhalten, stehen in einer unauflösbaren Wechselbeziehung. Deshalb wird heute auch von *kognitiver Verhaltenstherapie* gesprochen. Aus didaktischen Gründen betrachten wir die kognitiven Techniken gesondert.

Am intensivsten erforscht wurden bislang kognitive Techniken zur Behandlung depressiver Patienten. Im Mittelpunkt steht die Veränderung von deren ausgeprägt negativem Denken. Dieser Negativismus richtet sich gegen die eigene Person und gegen das Umfeld und wird auch auf die Zukunft übertragen. Zur Überwindung dieses Denkstils wurden verschiedene Techniken eingeführt, unter anderem die schrittweise Realisierung von Erfolgserlebnissen, der Gedankenstop, das Umdenken und die Erwartungsplanung. Auf diese Weise sollen die für die Aufrechterhaltung vieler neurotischer Störungen wichtigen „Denkfehler" überwunden werden. Typische Denkfehler sind die Verallgemeinerungen (immer, niemals, ständig), die Über- oder Unterschätzung von Erfolgen und von Kränkungen sowie von Aggressionen oder von Zuneigungen und schließlich ein Schwarz-Weiß-Denken (gut oder böse, Erfolg oder Niederlage, Liebe oder Haß), dem die Zwischentöne fehlen.

Für die praktische Behandlungsarbeit wurde eine große Zahl weiterer Techniken entwickelt, die hier nur ausschnittweise wiedergegeben werden können. Verbreitet sind z. B. Tagebücher, in denen die Patienten Erlebnisse und ihre begleitenden Gedanken dokumentieren. In der Behandlung können dann Denkfehler und logische Irrtümer aufgedeckt und überwunden werden, indem alternative Sichtweisen und Erklärungen entwickelt werden („Könnte es sein, daß ...; Haben Sie sich schon einmal überlegt, daß ...; Was wäre, wenn Sie die Angelegenheit einmal ganz anderes sähen ... "). Diese Entwicklung alternativer Sicht- und Verhaltensweisen kann auch im Rollenspiel geübt werden, und zwar allein mit dem Therapeuten oder in der Gruppe. Eine wichtige Technik ist der *innere Monolog*, eine Art Selbstinstruktion. Im Rahmen eines Trainings erlernt der Patient bestimmte Formeln, die ihm helfen sollen, Belastungssituationen besser zu überstehen. Der Patient ist auf die Belastung vorbereitet, z. B. auf die Prüfung, er weicht nicht mehr aus, und er lernt, mit der unangenehmen Situation umzugehen, sich zu entspannen. Ganz besonders wichtig ist, sich nach Überwindung der Anstrengung auch Anerkennung zu geben (gut gemacht) statt Entwertung (muß doch jeder schaffen ..., nichts besonderes ...).

Kognitive Techniken sind heute ein wichtiger Bestandteil nahezu aller psychotherapeutischen Schulen, auch wenn dieses von deren Vertretern oft nicht bemerkt oder nicht anerkannt wird.

2.4 Von der Paar- und Familientherapie zur systemischen Therapie

Wir haben im historischen Überblick gesehen, wie in den 50er Jahren ein neues Paradigma in der Psychotherapie auftauchte, das zunächst durch das neue Setting des gemeinsamen Paar- und Familiengespräches beeindruckte, das aber von Anfang an mehr sein wollte als nur eine neue Technik. Ein ganz neues Verständnis psychischer Störungen sah diese als Ausdruck und Folge gestörter Wechselbeziehungen im System Familie.

Die systemtheoretisch begründete Paar- und Familientherapie wollte alles bisher Dagewesene hinfällig machen. Heute wissen wir, daß dieser Anspruch viel zu hoch gegriffen war, aber wir erkennen in der systemischen Therapie eine wertvolle Ergänzung der Psychoanalyse und der Verhaltenstherapie. Sie überzeugt immer dann am meisten, wenn sie ihr Augenmerk auf familiäre Wechselbeziehungen richtet. Die neuere Verallgemeinerung und Ausweitung in Richtung einer allgemeinen, konstruktivistisch begründeten Therapieschule steckt noch in den Anfängen. Versuchen wir den Stand der Theorie- und Methodenentwicklung zusammenzufassen:

Im Mittelpunkt, daher auch der Name, steht das System (ein unscharfer Begriff, hier im Sinne eines lebenden organisierten Ganzen), dessen Teile, z.B. Mitglieder einer Familie, aber auch Zellen eines Körpers, Mitarbeiter von Firmen etc. miteinander in Wechselbeziehung stehen, wobei Informationen ausgetauscht werden, nicht Energien oder Stoffe. Eine Besonderheit menschlicher Systeme, die für die therapeutische Arbeit wichtig ist, ist deren Fähigkeit zur Selbstorganisation (Autopoese). Das System wird weniger von außen gesteuert, als daß es selbst seine eigenen Regeln, Muster, Grenzen und wechselseitigen Beziehungen hervorbringt. Die Fähigkeit zur Selbstbeobachtung ist eine Grundeigenschaft des Menschen. Der Einzelne, die Familie, die Organisation denkt über sich nach, kommt zu Selbsteinschätzungen und Schlußfolgerungen (wie sind wir, und wie wollen wir sein). Der Psychotherapeut wird ein Teil des Ganzen, ein teilnehmender Beobachter, der durch sein Hinzutreten das System verändert. Die Familie spricht, denkt und empfindet im Behandlungsraum anders als daheim. In der Therapie entstehen Vorstellungen, Gefühle, Verhaltensweisen, auch durch die Aktivierung früherer Interaktionsmuster.

Eine besondere Leistung der Paar- und Familientherapie ist, daß sie das auch sonst in der Psychotherapie wichtige interaktionelle Verständnis, d.h. das Verständnis der Therapie als Prozeß, als Entwicklung aufgrund einer Wechselwirkung von Patient und Therapeut, herausgehoben hat. Kommunikations- und Interaktionsprozesse wirken bei der Symptomentstehung und bei der Symptomentwicklung mit. Angst, Depression, Schmerzen, Eßstörungen lassen sich nicht nur psychodynamisch, kognitiv oder lerntheoretisch verstehen und erklären, sie bekommen ihren Sinn und ihre Bedeutung auch in der Beziehung zu anderen Menschen. Die systemische Paar- und Familientherapie hat allzu mechanische Vorstellungen der frühen Psychoanalyse und der Verhaltenstherapie zu überwinden geholfen. Der Mensch ist keine Maschine und seine Psyche erst recht nicht.

Die Psyche wird als ein biologisch, psychologisch und sozial bestimmtes System mit angeborenen und erworbenen Schemata des Denkens, der Wahrnehmung und des Verhaltens verstanden. Die in Selbstreflexion und Interaktion mit anderen Menschen wahrgenommenen, verworfenen oder weiterentwickelten Schemata stehen im Mittelpunkt der Erkenntnis.

Der Begriff System wird hier in einem bildhaften (metaphorischen) Sinn verwendet, als Ausdruck für eine Annahme (Konstrukt), die zunächst in den Köpfen der Beteiligten entsteht und durch mehr oder weniger bewußte Übereinkunft mit Leben erfüllt wird: Was ist eine Familie, wer gehört dazu, welche Ansprüche, Verpflichtungen und Erwartungen gelten, wo fängt eine Familiengeschichte an, und wo wird der Schlußpunkt gesetzt? Dies sind Fragen, die in unserer Zeit, in der viele Begriffe in weitem Umfang „verflüssigt" sind, eine Bestimmung verlangen, um Orientierung, Rückhalt, Sicherheit und Verständigung zu erlauben.

Gleiches gilt im jeweiligen Einzelfall. Probleme zwischen Menschen entstehen oft aus Mißverständnissen. Diese entspringen Vorurteilen, die als solche nicht mehr durchschaut werden, sondern die ohne weiteres Nachdenken für allgemeingültige Wirklichkeiten genommen werden.

Die Ehefrau: „Du kümmerst dich nicht um deine Kinder und um unser Haus. Dein Beruf und deine Hobbys sind dir wichtiger." Der Ehemann: „Alle wollen etwas von mir. Immer bin ich an allem schuld. Nie fragt jemand, wie es mir dabei geht." Der 16jährige Sohn: „Immer streiten die Eltern. Sobald ich kann, hau ich ab. Heiraten werde ich nie." Die 13jährige Tochter: „Papa tut mir leid, aber er müßte netter zu Mama sein, dann würde sie weniger meckern." Die Mutter des Mannes: „Seit er mit Anna zusammen ist, leidet der Junge. Seit Vaters Tod bin ich allein. Niemand kümmert sich um mich." Die Eltern der Frau: „Wie die Jungen sich das vorstellen, Haus, Auto, Urlaub. Wir haben uns auch anstrengen müssen. Denen geht es zu gut." Der Hausarzt mit Qualifikation zur psychosomatischen Grundversorgung: „Die Magenbeschwerden des Mannes sind Folge von beruflichem Streß und häuslichen Konflikten. Er müßte kürzertreten und mal mit seiner Frau zu einem Paargespräch kommen." Der Therapeut der Frau: „Sie hat sich nicht von ihrem rigiden, lieblosen Elternhaus gelöst. Sie überträgt ihre Konflikte auf den auch als rigid und lieblos erlebten Ehemann. Sie muß auch einmal an sich denken, sich besser abgrenzen, selbstbewußter werden. Dazu verhilft ihr die Therapie. Eine Paartherapie ist an der mangelnden Motivation des Ehemannes gescheitert."

Wir könnten diese imaginäre Aufzählung fortsetzen und uns auch noch einen Familien(system)therapeuten vorstellen, der sagt, alle Beteiligten haben sich in ihrem Dilemma gefangen. Je mehr sie von ihren Wünschen äußern, um so stärker entfremden sie sich und verlieren die Hoffnung auf eine Erfüllung ihrer Wünsche und Sehnsüchte. Sie ziehen sich enttäuscht voneinander zurück. Dies gilt sowohl für die Herkunftsfamilien der Partner als auch für deren Ehe und sogar für die Beziehung zu den eigenen Kindern. Wenn die Wünsche des anderen als Vorwürfe und nicht auch als Ausdruck von Interesse, Zuneigung und Verbundenheit erlebt werden, werden sie sich auf eine enttäuschende Weise entfremden, und die Probleme werden zu einer Hypothek auch der nächstgeborenen Generation.

Wer hat recht? Welches sind die wahren Ursachen? Wer ist schuld? Wer ist gestört? Wer muß sich ändern? Sollen die Partner sich trennen? Ist Einzeltherapie, Paartherapie oder Familientherapie besser? Alle Fragen sind naheliegend und verbreitet sowie geradezu unvermeidbar, und dennoch tragen sie auch zu einer tragischen Fortsetzung der allseits als unbefriedigend und unglücklich empfundenen Entwicklung bei. Viele dieser Fragen sind Ausdruck und Folge von Verallgemeinerungen (immer, ständig, nie). Sie sind bestimmt von der Suche nach den wahren Ursachen und Schuldigen (weil, deshalb, schon damals, auch in Zukunft), und sie bilden alle unterschiedliche Anteile unterschiedlicher Wirklichkeiten ab. Jede der Positionen ist in sich stimmig, begründet und nachvollziehbar, nur passen sie nicht zueinander.

Die Bedeutung subjektiv empfundener Wirklichkeiten war der Psychoanalyse von Anfang an bekannt. Mit der Hinzunahme anderer Beteiligter in gemeinsamen Familiengesprächen wurde das Problem unterschiedlicher, weitgehend auch unvereinbarer Anschauungen der gleichen „Wirklichkeit" (z. B. eines Familienkonfliktes) so drängend, daß eine Fülle theoretischer und methodischer Erfindungen einsetzte, die alle auf den therapeutischen Umgang mit unterschiedlichen Wirklichkeitskonstruktionen abzielten.

Zunächst führte Ivan Boszormenyi-Nagy (1979) aufgrund der besonderen Erfahrungen der Mehrgenerationen-Familientherapie das Prinzip der allseits gerichteten Parteinahme ein. Dieses besagt, daß der Therapeut sich bemüht, die Sicht eines jeden Familienmitgliedes zu ergründen und aktive Empathie zu bekunden, auch wenn, wie eben skizziert, sehr unterschiedliche, ja sogar unvereinbare Schilderungen und Schlußfolgerungen dargeboten werden.

Die Mailänder Familientherapeuten verfeinerten dieses Prinzip in den 80er Jahren mit der Technik der sogenannten *zirkulären Befragung*: Sie holten sich die verschiedenen Versionen nicht nur von den Beteiligten selbst, sondern ließen die Anwesenden darüber spekulieren, wie dieser oder jener von ihnen wohl die Situation sähe, um dann nachzufragen, ob der Betroffene zustimmte oder die Fremddarstellung abändern wollte. Auf diese Weise wurde die Verwobenheit und wechselseitige Beeinflussung der verschiedenen Sichtweisen eindrücklich in Szene gesetzt.

In der weiteren Entwicklung der familientherapeutischen Theorien wurden die ursprünglichen kybernetischen Konzepte durch eine sogenannte zweite kybernetische Wende abgelöst, welche nun die Philosophie des radikalen Konstruktivismus der in Worten und Gedanken erzeugten Wirklichkeiten in den Mittelpunkt rückte. Konstrukte entstehen in den Köpfen als Vorstellungen und zwischen den Menschen als Übereinkünfte im Zuge sprachlicher Verständigung. „Wie wirklich ist die Wirklichkeit?" (Watzlawick 1976) ist die Schlüsselfrage systemischer Therapie, wobei es mit Stierlin (1994) empfehlenswert ist, zwischen harten Realitäten, z. B. einem Todesfall, und weichen Realitäten, z. B. der Angst vor dem Tod eines nahen Angehörigen, zu unterscheiden, mithin einem gemäßigten Konstruktivismus zu folgen.

Die konstruktivistische und systemische Familientherapie hat theoretische und methodische Beiträge zur allgemeinen psychotherapeutischen Entwicklung geleistet, die weit über das Setting des gemeinsamen Familiengesprächs hinausgehen und die sich auch auf andere Formen menschlicher Beziehungen jenseits der Familie anwenden lassen.

Die Beiträge der systemischen (Familien-)Therapie sind für die Entwicklung des Verständnisses der Entstehung und Behandlung psychischer Störungen weitreichend. Das sozialpsychologische Verständnis der Psychotherapie, das eben bereits bei der kognitiven Wende der Verhaltenstherapie vorkam, gewinnt durch die Hinzunahme sozialkonstruktivistischer Konzepte weiter an Differenziertheit: Störungen und Probleme sind eben von Menschen geschaffene Vorstellungen (Konstrukte), was ihre Bedeutung aber keinesfalls mindert („alles Einbildung"), sondern gerade die Möglichkeit ihrer Veränderung durch Gedanken, Gesten, Worte, eben durch Kommunikation verständlich macht. Kommunikationen und Kognitionen sind keine metaphysischen Produkte, sondern sie sind an neurobiologische Strukturen gebunden, und sie gehen mit neurobiologischen, endokrinen oder immunologischen Entwicklungen einher. Damit findet die systemische Therapie in der zeitgemäßen Psychosomatik (von Uexküll 1996) ein weiteres Bedeutungsfeld. Dies gilt besonders für das Verständnis der Fähigkeit lebender Systeme, sich selbst zu entwickeln und sich selbst zu reflektieren (Autopoese). Therapie – gleich ob Psychotherapie oder medizinische Behandlung – ist somit ein Beitrag zur Selbstorganisation, d. h., sie versucht, die biologischen, psychologischen und sozialen Entwicklungsmöglichkeiten des jeweiligen Systems (Mensch, Familie, Organisation) zu verbessern. Entwicklungshindernisse, z. B. Symptome und Konflikte, sollen überwunden werden, und untaugliche Pseudolösungen, z. B. Symptome, Dauerstreit oder Eskalationen, sollen durch alternative konstruktivere Lösungen ersetzt werden. Die Therapie versucht also, noch Schlimmeres als die schon bestehenden Symptome zu verhindern (z. B. Gesundheitsverschlechterung, Suizid, Psychose). Gesundheit ist demnach eine besonders günstige entwicklungsförderliche Variante der unendlichen Vielzahl möglicher Systementwicklungen.

Im Mittelpunkt heutiger (systemischer) Paar- und Familientherapie steht die Ressourcenorientierung. Statt einseitig pathologische Defizite hervorzuheben, wird danach geschaut, welche Bereiche intakt und entwicklungsfähig sind, was die Gesundheit im o. g. Sinne fördert. Die Salutogenese ersetzt die Pathogenese.

3. Die allgemeinen Wirkungen der Psychotherapie – Haben die Behandlungsschulen ausgedient?

Seit einigen Jahren beschäftigt die psychotherapeutische Entwicklung das sog. Äquivalenzphänomen. Dies ist die Beobachtung, daß in Wirksamkeitsstudien, unabhängig davon, welches Verfahren getestet wurde und welches Krankheitsbild geheilt werden sollte, und gleich, ob die Behandlung sehr lang und aufwendig war oder sehr kurz und pragmatisch, in ca. zwei Drittel aller behandelten Fälle eine deutliche Besserung erzielt wurde. Beim Vergleich mehrerer Verfahren schnitt fast immer dasjenige am besten ab, das dem jeweiligen Forscher am nächsten stand. Dies veranlaßte einen der Altmeister der Psychotherapie, Lester Luborsky (1975), in Anlehnung an Lewis Carrols phantastische Geschichte *Alice im Wunderland* sein Dodo-Vogel-Verdikt zu formulieren: Alle haben gewonnen, und jeder bekommt einen Preis. Im folgenden Kapitel werden wir deshalb nicht mehr die einzelnen Behandlungsverfahren (Psychoanalyse, Verhaltenstherapie, Familientherapie), sondern deren gemeinsame, allgemeine Wirkungen in den Mittelpunkt stellen.

3.1 Zum Stand der Forschung

Es gibt keine Zweifel, die kognitiven und behavioralen Verhaltenstherapien sind die am meisten, am besten und am erfolgreichsten untersuchten aller heutigen Psychotherapieform
(zur Übersicht siehe Roth und Fonagy 1996). An ihrer positiven, zuverlässigen und schnellen Wirkung bei einem großen
Spektrum schwerer und leichter psychischer Störungen (vor
allem Ängste und Depressionen, aber auch Zwänge, Persönlichkeitsstörungen, Alkoholabhängigkeit, Sexualstörungen
und Eßstörungen) kann es keinen vernünftigen Zweifel geben.
In Vergleichen mit anderen, z. B. psychodynamischen, familientherapeutischen oder humanistischen Verfahren schneidet die
Verhaltenstherapie regelmäßig besser ab. Dies gilt sowohl für
die globale Erfolgsbeurteilung als auch für die Verbesserung
der Hauptsymptomatik und für viele andere Veränderungsbe-
reiche. Lediglich in Persönlichkeitsänderungen zeigten sich
psychodynamische Ansätze überlegen. Die Verhaltenstherapie
steht damit ganz in der Tradition der empirischen Psychologie,
welche auch die Prozesse, die zu der positiven Wirkung dieses
Verfahrens beitragen, experimentell und in Verlaufsstudien
sehr weitreichend entschlüsselt hat. Das heißt, wir wissen nicht
nur, daß die Verhaltenstherapie wirkt, sondern auch durch
welche psychologischen Mechanismen dies geschieht. Die anderen genannten Verfahren deshalb für unwirksam und überflüssig zu erklären, wäre verfehlt. Auch für die psychodynamischen, die familientherapeutischen und die humanistischen
Verfahren liegen genügend Ergebnisse vor, um ihre Wirkung als
ausreichend belegt, also der spontanen Besserung überlegen,
anzusehen. Allerdings gibt es gewaltige Wissenslücken, die
noch über Jahrzehnte fortbestehen werden. Dies ist vergleichbar mit der Entwicklung der Alternativmedizin, wo die Übergänge zwischen Scharlatanerie und seriösem Erfahrungswissen
fließend sind und wo auch die Forschungslage qualitativ und
quantitativ viel weniger überzeugt als in der sogenannten
Schulmedizin.

Demgegenüber zeigt die Versorgungsforschung, z. B. die bereits zitierte Verbraucherstudie Seligmans (1995), daß im Behandlungsalltag gerade nicht die in starren Behandlungsvorschriften (Manualen) mit vorab festgelegter Dauer für ganz umschriebene, diagnostisch eindeutig klassifizierbare Störungen entwickelten Methoden, eben die Verhaltenstherapien im Vordergrund stehen. Zur Behandlung kommen Mischformen vielfältiger, miteinander verwobener psychiatrischer, persönlicher, zwischenmenschlicher und sozialer Probleme, denen im Alltag am ehesten mit einer zeitlich und methodisch flexibel gehaltenen psychodynamischen, systemischen, humanistischen oder eklektischen Behandlung begegnet wird. Mit anderen Worten: Die Übertragung der experimentellen Laborergebnisse auf den Einzelfall erfordert im Behandlungsalltag viele Anpassungen und Modifikationen. Die gleichen Einschränkungen gelten übrigens auch für rigorose Behandlungsvorschriften der Kostenträger, etwa die Dauer und Art der Therapie betreffend, die sich in der genannten Studie Seligmans als ausgesprochen störend für den Behandlungserfolg erwiesen.

Danach können wir die Forschung in der Psychotherapie heute neu betrachten: In der Grundlagenforschung sind vor allem für die verhaltenstherapeutischen Verfahren unter Idealbedingungen deren Wirksamkeit und Wirkweise eindeutig nachgewiesen worden. In naturalistischen Praxisstudien ist die Wirksamkeit komplexer Behandlungsangebote für komplexe psychologische Probleme als einzig praktikabler Zugang herausgekommen. Es verhält sich hier wie auch sonst in der Heilkunde. Laborforschung und klinische Forschung ergänzen einander. Das eine oder das andere zu gewichten, wäre schädlich. Dies gilt sowohl für die Folgerung, daß nur die in der experimentellen Grundlagenforschung erprobten Verfahren in dieser Laborform zum Einsatz kommen oder vom Kostenträger finanziert werden sollten, wie auch für den umgekehrten Schluß, daß die experimentellen empirischen Methoden deshalb nicht praxistauglich seien, weil sie so selten in ihrer rigorosen Form angewandt werden. Beides ist wichtig: Die experimentelle Überprüfung, in den sogenannten kontrollierten randomisierten Studien, wie die Erprobung in naturalistischen Praxisstudien – und dies gilt für die einzelnen Methoden ebenso wie für deren Kombination und für einzelne umschriebene Störungen wie für Multiproblemsituationen.

Der mit Forschungsargumenten ausgetragene Streit erweist sich oft als dürftig kaschierter, berufspolitischer Verteilungskampf, der die Interessen der Patienten selbst außer acht läßt. Psychotherapie ist aber eine sehr persönliche Entscheidung und Erfahrung. Dem soll im folgenden Absatz Rechnung getragen werden.

3.2 Was wirkt bei wem?

Psychotherapie läßt sich nicht schematisieren. Das Gelingen der Behandlung hängt wesentlich von der Offenheit und Aufnahmebereitschaft des Patienten ab. Gut vorbereitete, informierte und motivierte Patienten haben bei gleicher Störung eine bessere Prognose als zögernde und widerwillige. Daß das so ist, wird niemanden wundern, und das Bindeglied ist wiederum die Beziehung zum Therapeuten. Wenn sich nicht nach den ersten drei bis fünf Gesprächen eine stabile, positive, als vertrauenswürdig empfundene Beziehung eingestellt hat, dann ist ein Gelingen der Behandlung höchst unwahrscheinlich, und dafür ist eine gewisse Vorbereitung nötig.

Darüber hinaus wissen wir aus vielen Studien (Zusammenfassung bei Bergin und Garfield 1994), daß neben dem psychischen Zustand des Patienten – es braucht ein gewisses Maß an „Demoralisierung", Hoffnungslosigkeit und Bereitschaft, an sich selbst zu arbeiten – vor allem auch soziale Faktoren über das Zustandekommen einer Psychotherapie entscheiden. Psychotherapie, insbesondere die psychodynamische und psychoanalytische Behandlung, wird heute wie in den 50er Jahren von der Mittelschicht bevorzugt. Dies gilt auch für bestversorgte Regionen.

Wenn eine Therapie zustande kommt, dauert diese oft kürzer als von den Therapeuten vorhergesehen. In zahllosen Studien hat sich in den letzten Jahrzehnten gezeigt: Zwei Drittel aller Therapien waren kürzer als 10 Sitzungen. Und dies ist unabhängig vom Finanzierungsmodus, von der Art der Störung oder der Art der angebotenen Therapie. Eine vorzeitige, also nicht einvernehmliche Beendigung der Behandlung kann auf Enttäuschung beruhen (die Therapie bringt nichts, der Therapeut kann mir nicht helfen), aber auch auf Verbesserung der Beschwerden und des allgemeinen Befindens, die sich schon frühzeitig nach wenigen Gesprächen einstellen kann. Wichtig sind die Erwartungen der Patienten. Viele vor Behandlungsbeginn Befragte glaubten, daß fünf bis zehn ca. 30minütige Gespräche ausreichend für die Lösung ihrer Probleme seien.

Bei der Wahl der Behandlungsmethoden spielen neben Zufällen (zu wem kommt der Patient zuerst) und Empfehlungen auch persönliche Vorlieben und Stile eine Rolle: Patienten, die überzeugt sind, selbst etwas gegen ihre Probleme tun zu können und tun zu wollen, bevorzugen die weniger direktiven psychodynamischen oder humanistischen Verfahren, Patienten, die sich von äußeren Einflüssen – Arbeit, Gesellschaft, Umwelt – abhängig glauben, bevorzugen demgegenüber direktive, v.a. verhaltenstherapeutische Methoden.

3.3 Allgemeine Psychotherapie

Was liegt näher, als sich nach Jahren der wechselseitigen Abgrenzung und Differenzierung, der unermüdlichen Erfindung immer neuer Behandlungsschulen, bei gleichzeitiger Entwertung der bereits vorhandenen, endlich auf die gemeinsamen und verbindenden allgemeinen Grundlagen der Psychotherapie zu besinnen (vgl. Wirsching 1998). Wenngleich der Markt noch boomt und Wandergurus mit ihren Wundermethoden immer wieder die Menschen verzaubern, so hat doch bei den Einsichtigen und Nachdenklichen ein Umdenken stattgefunden. Hilfreich war hierfür die empirische Psychotherapieforschung, die nicht nur die Gleichwertigkeit der wichtigsten Behandlungsschulen aufgezeigt hat, sondern die auch verständlich machen konnte, auf welche Weise die Wirkungsgleichheit zustande kommt. Die allgemeinen Wirkfaktoren der Psychotherapie sind uns heute in weitem Umfang bekannt, und sie sind mit ihren allgemeinen psychologischen Wurzeln zusammengebracht worden (Grawe 1998).

Am Anfang jeder Art von Psychotherapie steht die Entwicklung einer als hilfreich und vertrauenswürdig empfundenen Beziehung zwischen Patient und Therapeut. Wir können es nicht oft genug wiederholen: Ohne Vertrauensbeziehung keine Therapie! Aber die Beziehung allein, nur nett sein, nett empfunden werden, sich nett fühlen, reicht für eine therapeutische Entwicklung nicht aus. Wenn allerdings innerhalb der ersten drei bis fünf Sitzungen keine als hilfreich und vertrauenswürdig empfundene Beziehung zustande gekommen ist, dann ist es höchst unwahrscheinlich, daß die Behandlung noch zu einem guten Ende gebracht wird. Es kommt bestenfalls zur vorzeitigen Beendigung, schlimmstenfalls zum Festhalten an einer sinn- und hilflosen Prozedur, und dann sollte der Therapeut gewechselt werden. Eine Vertrauensbeziehung ist eine Voraussetzung, um vom Patienten vertrauensvolle Mitteilungen zu erhalten und vom Patienten als vertrauenswürdig gehört zu werden.

Dies ist die Grundlage des zweiten allgemeinen Wirkfaktors psychotherapeutischer Arbeit: der Vermittlung erweiterter Einsichten, v.a. eines erweiterten Verständnisses der Beschwerden und der symptomverstärkenden psychologischen Mechanismen. Zu diesen zählen die sekundären funktionell-autonomen Prozesse, deren lebensgeschichtliche Begründung, die Rolle des Beziehungssystems und die soziale Situation (Arbeit, Kontakte, Freizeit). Über ein vordergründiges Verständnis hinaus werden tiefere Einsichten in Hintergründe und Zusammenhänge angestrebt, wie die dem Bewußtsein verborgenen, gleichwohl psychodynamisch wirksamen Konflikte, welche aus früheren Lebensabschnitten stammen und die jetzt in der akuten Erkrankung ihre Reaktualisierung erfahren haben. Sich besser zu verstehen und besser verstanden zu fühlen stärkt die Beziehung zu dem als verständnisfördernd erlebten Therapeuten, und zugleich ist die vertrauensvolle therapeutische Beziehung die Grundlage, auch schwierige, mit Angst, Scham oder Schuldgefühlen einhergehende Einsichten zuzulassen. Einsicht und Beziehung stehen in einer unmittelbaren, starken Wechselbeziehung. Aber der Verstand allein reicht nicht aus. Die Gefühle müssen beteiligt sein, sonst wird Therapie zum Denksport.

Dies führt uns zum dritten der allgemeinen Wirkfaktoren: der emotional bedeutsamen, auch korrigierenden Neuerfahrung in der Therapie. Die mißtrauische, mißbrauchte Patientin erlebt, daß der Therapeut den vertrauensvollen engen Kontakt zu ihr nutzt, um ihr ein Gefühl der Geborgenheit und Sicherheit zu geben, das nicht sexuell ausgebeutet wird, so sehr sie ihn auch auf die Probe stellen mag. Der ängstlich abwehrende, vermeidende, gleichwohl von Panikattacken Geplagte erlebt, daß die gefürchtete Katastrophe ausbleibt, wenn er sich im Schutz des Therapeuten der angsterregenden Höhe, der Menschenmenge, dem Tunnel nähert. Er bekommt keinen Herzinfarkt, wird nicht wahnsinnig und macht sich nicht lächerlich. Die Angst hat ihren Schrecken verloren. Erwachsene Kinder erleben im gemeinsamen Familiengespräch, wie ihre betagten Eltern, die sie für unverbesserlich hielten, bewegt Nichtwiedergutzumachendes beklagen und sich selbst als Opfer ihrer eigenen Herkunft zu erkennen geben.

Wer nicht denken will, muß fühlen – und umgekehrt, und beides reicht nicht aus, ein weiteres Element muß wirksam werden: Einsichten und Erfahrungen müssen aktualisiert werden. Wichtig ist nicht nur, was damals und draußen war, sondern was hier und jetzt geschieht. Die Aktualisierung und Realisierung von Einsichten und Erfahrungen ist ein wichtiger Faktor, der die anhaltende Wirkung psychotherapeutischer Arbeit sichern hilft.

Bleibt als letzter (fünfter) Wirkfaktor das Umfeld, das Beziehungssystem zu berücksichtigen. Jede Veränderung des einzelnen hat Folgen für das Gesamtsystem, so wie eine Systemveränderung auch den einzelnen ergreift. Die weniger depressive, selbstbewußtere Ehefrau begegnet ihrem Ehemann verändert. Er muß (und kann) sich umstellen. Die anorektische Tochter gibt den Hungerstreik auf und tritt in eine direktere, altersadäquate Auseinandersetzung mit ihren Eltern ein, die darauf befreit oder verschreckt reagieren können. Der Selbstmord eines Mitglieds stürzt die Familie in Unsicherheit, Schuldgefühle und Trauer. Die Krise ist Anlaß zu einer grundlegenden Neuorientierung des Familiensystems: So kann es nicht weitergehen. Die Familie (das System) ist immer beteiligt, aber die Systementwicklung nicht nur zuzulassen, sondern sie mit Bedacht zu gestalten, sie in die Beziehungsgestaltung mit aufzunehmen, ist ein weiterer Faktor, der über das Gelingen einer Psychotherapie entscheidet.

Aus diesen fünf Wirkfaktoren: Beziehungsgestaltung, Einsichtvermittlung, emotionale Erfahrung, Realisierung und Systementwicklung eine neue Allgemeine Psychotherapie zu brauen, ist nicht sonderlich erfolgversprechend. Dies sind allgemeine Grundlagen, die ergänzt werden durch die Vielfalt spezifischer Theorien und Methoden, wie sie die im Vorangegangenen dargestellten Schulen, v.a. die Psychoanalyse, die Verhaltenstherapie und die Familientherapie bereitstellen. Allgemeine Psychotherapie ist keine neue Supertherapie. Diesen Anspruch erheben jetzt nur noch die zuallerletzt zum Kreise der Schulgründer hinzugetretenen, aus der Familientherapie herausgewachsenen „Systemiker", deren Beiträge wir nun kritisch unter die Lupe nehmen.

3.4 Systemische Höhenflüge

In dem Wettstreit, welche der Psychotherapierichtungen Anerkennung finden sollte, haben sich nach den empirischen Psychotherapieforschern auch die Philosophen lautstark zu Wort gemeldet. Ihr postmodernes Argument zielt in die gleiche Richtung wie das der Empiriker: Alle Beschreibungen sind irgendwie stimmige, aber eben unterschiedliche sprachliche Konstruktionen unterschiedlicher Wirklichkeiten. Alle unterschiedlichen Methoden sind in irgendeiner Weise wirksame, aber eben unterschiedliche Formen der sprachlichen Konstruktion unterschiedlicher, aber für den jeweiligen Menschen für eine bestimmte Zielsetzung (z.B. Therapie) „passender" Wirklichkeiten. Diese neo- und radikalkonstruktivistischen

Denkfiguren haben frühere, etwas mechanisch und technisch anmutende kybernetische Vorstellungen abgelöst, bei denen Regelkreise, Homöostaten und Schaltpläne beschrieben wurden. War hier die Begeisterung über die neuen Computerwissenschaften der 50er Jahre bestimmend, so ist nun die Metaphorik der neuen Systemwissenschaften den weiterentwickelten Naturwissenschaften der 70er Jahre, vor allem der Neurobiologie entlehnt. Ihre philosophische Untermauerung finden sie in den ebenfalls von den Neurowissenschaften angeregten Sozialphilosophen (vor allem Niklas Luhmann 1984) mit ihren Versuchen der Angleichung biologischer und sozialer Systemwissenschaften in einer allgemeinen Systemtheorie. Selbstorganisation (Autopoese) ist der neue Schlüsselbegriff, welcher die prinzipielle Unvorhersagbarkeit und damit auch Unplanbarkeit von Systementwicklungen beschreibt. Selbst ein großer Entwurf, verkündet die neue Systemtherapie das Ende aller großen Entwürfe, mit dem Hintergedanken, alle Vorläufer in die Tasche zu stecken. In der Tat hat die systemische Therapie ihren besonderen Reiz, der sich in Reizmetaphern fassen läßt.

Systemische Therapie ist vor allem und zuerst innovativ und ausgesprochen entwicklungsfreundlich. In ihrem Verständnis, ein sich selbst organisierendes Sprachsystem zu sein, ist sie darauf gerichtet, alle bislang bekannten Phänomene ernst zu nehmen, sie aufzugreifen und neu zu benennen bzw. zu interpretieren. Daraus entstehen immer wieder hübsche und verblüffende Neuigkeiten, die sehr anregend und unterhaltsam wirken und Systemiker zu beliebten Vortragsrednern und Ausbildern machen, vorausgesetzt, man läßt sich auf ihre Denkspiele ein. Chronifizierung z.B. von psychiatrischen Erkrankungen wird zu einer von allen Beteiligten erfundenen kreativen Leistung, die Schlimmeres, z.B. Selbstmord, Mord oder Erkrankung weiterer Mitglieder, verhindern helfen soll. Widerstand gegen eine psychologische Betrachtung körperlicher Phänomene, z.B. chronischer Schmerzzustände, wird als Schwierigkeit, eine gemeinsam von Arzt und Patient geteilte Wirklichkeit zu schaffen, interpretiert. Die Therapie dient nicht der Heilung von Krankheiten, sondern der Erweiterung der Entwicklungsmöglichkeiten angesichts eingeschränkter Sicht- und Verhaltensmöglichkeiten. Die Behandlungstechnik ist nachgeordnet, alle Wege sind möglich, eine psychoanalytische Deutung, eine verhaltenstherapeutische Exposition, ein gemeinsames Familiengespräch, um eine neue, für die Beteiligten passende und möglichst ohne Symptomlösung lebbare Geschichte zu „erfinden".

Systemische Therapie ist kreativ, von schöpferischer Neugier bestimmt. Unerschöpflich scheint ihr Vorrat an Tips, Tricks, Bildern und Geschichten, um immer wieder neue Überraschung, Verblüffung, Verwunderung der Klienten, der Kollegen und der Auszubildenden zu erzeugen. Paradoxie ist eines der beliebtesten Stilmittel der Systemiker, das in den sogenannten paradoxen Verschreibungen der Mailänder Schule (Selvini et al. 1977) seine Hochkultur erlebte. Die Mailänder Gruppe erfand auch die erwähnte eigentümliche und unverwechselbar zirkulär genannte Form der Gesprächsführung. Diese hat bis heute dicke Fragenkataloge hervorgebracht, bis hin zu einem Repertoire von Wunderfragen der Ultrakurztherapeuten (De Shazer 1989).

Viel wurde auch am Setting gefeilt, Einwegscheiben mit Team dahinter und verschiedene Formen der Einbeziehung dieser reflektierenden Beobachter waren zeitweise das Erkennungsmerkmal der systemischen Therapie.

Das gemeinsame Gespräch der Beteiligten trat hingegen auch aus praktischen Gründen relativ bald in den Hintergrund. Familientherapie und systemische Therapie lockerten ihre Beziehung.

Systemische Therapie ist wirksam, ihre Wirkungen lassen sich auch in herkömmlichen Forschungsansätzen nachweisen. Dies ist eine der neuesten Entwicklungen, um die die systemische Therapie im Laufe ihrer Professionalisierung nicht herumkam. Wurde in den Pionierzeiten heftig bestritten, daß sich das eigentliche Wesen systemischen Denken und Handelns durch die reduktionistische lineare und dem Medikamentenversuch verhaftete Methodik empirischer Psychotherapieforschung erschließen lasse, so werden jetzt Metaanalysen und ausgewählte Studien vorgelegt, die beweisen, daß das Äquivalenzprinzip auch hier gilt: Systemische Therapie ist nicht schlechter, aber auch nicht besser als die anderen Methoden, allenfalls kommt sie mit weniger Sitzungen aus, wobei der ökonomische Gewinn meist durch die Vielzahl der beteiligten Therapeuten (Co-Therapeuten und Beobachterteam) und durch sehr lange Sitzungen (2–3 Stunden) und durch oft auch mehrere beteiligte Familienmitglieder wieder eingeschränkt wird.

Systemische Therapie ist integrativ und umfassend. Durch eine erst im Entstehen begriffene Verbindung mit den Biowissenschaften, der Psychiatrie und der Psychosomatik konnten die Systemwissenschaften als Metatheorie einen Vorteil gegenüber den bestehenden Zugängen erringen. Diese, vor allem die Psychoanalyse und die Verhaltenstherapie, haben zwar auch in sogenannten bio-psycho-sozialen Modellen den Kontakt mit den biomedizinischen und sozialwissenschaftlichen Nachbardisziplinen gesucht, aber dies sind eher additive Beschreibungen, wenngleich die Übergänge, z. B. zwischen Körper und Seele, zwischen Psyche und sozialem Umfeld, zwischen sozialen Systemen und Gesundheit, besondere Beachtung finden. Die systemische Therapie geht weiter und wird mit ihrem theoretischen Entwurf zur Entwicklung lebender Systeme, gerade auch für diejenigen Denker interessant und wichtig, die an einer allgemeinen Theorie Humaner Medizin arbeiten (von Uexküll 1998).

Die systemische Therapie ist aus der Familientherapie hervorgegangen und beide Begriffe werden im internationalen Sprachgebrauch meist synonym verwendet. Allerdings sollte die systemische Therapie nicht auf das Setting des gemeinsamen Paar- und Familiengesprächs festgelegt werden, so wie es umgekehrt auch Paar- und Familientherapien gibt, die psychoanalytisch oder verhaltenstherapeutisch begründet werden.

Das gemeinsame Gespräch mehrerer Generationen hat sich in der Praxis als sehr aufwendig und sperrig erwiesen, was die Verbreitung einschränkt. Praktikabler und häufiger sind Paargespräche. Die meisten Familientherapien bestehen wohl aus einigen wenigen klärenden oder ergänzenden gemeinsamen Gesprächen im Rahmen anderweitiger psychosozialer Maßnahmen, z.B. stationäre Behandlung, Kindertherapie, Einzelbehandlung. Die systemische Therapie als Verfahren ist heute entweder sehr speziell (eine unter 400 Schulen) oder sehr allgemein als systemische Orientierung, die sehr viele teilen. Wer möchte schon als pathologisierend, reduktionistisch, in mechanischen linearen Kausalkonzepten gefangen erscheinen? Mit anderen Worten: Die systemische Therapie befindet sich im Mainstream integrativer und eklektischer Psychotherapie und bietet ein durchaus akzeptables, innovatives, kreatives und fundiert klingendes Etikett. Die systemische Therapie steht als jüngste Entwicklung dem psychotherapeutischen Zeitgeist am nächsten.

Kaum zu bestreiten ist: Sie zählt mit ihren spezifischen Konzepten und Methoden zum unverzichtbaren Bestand heutiger Psychotherapie ebenso wie die Psychoanalyse, die Verhaltenstherapie und die humanistische Therapie – nicht mehr, aber auch nicht weniger!

3.5 Noch einmal: Vielfalt und Integration

Ziehen wir eine Zwischenbilanz und fassen die Grundlagen heutiger Psychotherapie zusammen.

Im Mittelpunkt steht die Vielfalt, ein in den letzten 100 Jahren beständig beschleunigtes und differenziertes Wachstum der Psychotherapie und die Schwierigkeit einer theoretischen und methodischen Integration. Der bisherige kreative und sympathische Wildwuchs hat eine große Unübersichtlichkeit bewirkt. Das Ziel kann aber nicht die vereinheitlichte „Allgemeine Psychotherapie" sein. Die Schweizer Berge werden vor allem von den dort Ansässigen wertgeschätzt bleiben, auch wenn deren Planierung mit anschließendem Auffüllen der dazwischen liegenden Seen ein einheitlicheres Bild und eine bessere Wirtschaftsfläche böte. Auch unsere Pharmakologie mit ihren weit über 50 000 gehandelten Präparaten ist aufgrund ökonomischer Motive heillos ausgeufert. Trotzdem geht niemand ernsthaft daran, das einzig wahre Allheilmittel für alle Gebrechen zu fordern.

Unser Gesundheitssystem kennt heute 42 Facharztgebiete und ca. 250 Zusatzqualifikationen. Dies ist eine extreme Spezialisierung, die jedoch nur die biomedizinischen Fächer betrifft. Auf der psychotherapeutischen Seite gibt es dagegen nur einen einzigen Facharzt. Dieser wird durch den psychologischen Psychotherapeuten ergänzt. Alles übrige sind Zusätze und Teilqualifikationen für eine psychotherapeutische Tätigkeit im Rahmen anderer Facharztgebiete (z.B. Psychiatrie). Psychoanalyse (Tiefenpsychologie) und Verhaltenstherapie sind die beiden als „wissenschaftlich begründet" anerkannten psychotherapeutischen Methoden, für die unsere Krankenkassen aufkommen, und zwar in Form des Einzelgesprächs, des Paar- und Familiengesprächs oder des Gruppengesprächs. Hier angesichts von zwei Gruppen von Leistungserbringern (Facharzt oder Fachpsychologe), zwei Methoden (Psychoanalyse oder Verhaltenstherapie) und drei Anwendungsformen (Einzel, Gruppe, Paar/Familie) von Überdifferierung oder Unüberschaubarkeit zu sprechen, erscheint angesichts der sonst in unserem Gesundheitssystem herrschenden Differenzierung übertrieben.

Orientierung bieten seit einiger Zeit in der Psychotherapie wie in anderen Bereichen des Gesundheitswesens die Wirkforschung und sogenannte Leitlinien, die Aufschluß geben, welche Methoden aufgrund von Laborforschungen überprüft und welche auf dem Konsens der Erfahrungen gründen. Beides ist wichtig. Das Labor, auch das psychologische, ersetzt nicht den Behandlungsalltag und umgekehrt.

Erst eine theoretisch und empirisch erforschte, im Alltag von Menschen als anwendbar und hilfreich nachvollzogene Psychotherapie ist befriedigend. Dabei haben wir unmerklich einen wesentlichen und alles weitere entscheidenden Schritt vollzogen: Die Grundfrage, ob Psychotherapie überhaupt ein sinnvoller Beitrag zur Heilkunde in unserer Kultur ist, wird nicht mehr gestellt. Gefragt wird heute nur noch nach dem Wie: Welche Methoden, z.B. Psychoanalyse, Verhaltenstherapie, systemische Therapie oder humanistische Therapie, werden favorisiert, welche Anwendungsformen sind möglich: einzeln, in Gruppen, als Paar oder Familie, in Körperarbeit? In welchem Rahmen ist Psychotherapie möglich: ambulant, teilstationär, stationär, kurativ, rehabilitativ und präventorisch, und welche Methoden sollen bei welchen Krankheitsbildern angewendet werden? Diesen wichtigen Fragen sind die nun folgenden Kapitel gewidmet.

4. Angst und Depression –
Die Neurosenbehandlung steht im Mittelpunkt
der Psychotherapie

Gefühle der Angst und der Niedergeschlagenheit treten bei jeder psychischen Störung irgendwann einmal mehr oder weniger stark auf. Sehr selten, eigentlich nur im Rahmen spezieller Forschungsprogramme, kommt es vor, daß eine bestimmte Form der Angst oder der Depression die alleinige Beschwerde ist, unter der ein Patient leidet. Angst und Depression sind grundlegend und verbreitet, und sie lassen die Grundanforderungen jeder Psychotherapie beispielhaft verstehen.

4.1 Grunderfahrungen

Wenn Angst über längere Zeit herrscht, deprimiert das den Menschen, und depressive Menschen sind ängstlich. Beides hängt auf das engste zusammen. Die Trennung ist eine künstliche, die dem medizinischen Ordnungsdenken der Lehrbücher stärker folgt als dem Erleben der Patienten.

Wie es zu dieser Wechselwirkung von Angst und Depression kommt und warum zeitweise die Angst und zeitweise die Depression im Vordergrund steht, zeigt das folgende Fallbeispiel. Dieses soll uns die grundlegenden Modelle in Erinnerung bringen, zuerst die Psychodynamik: Was geht im depressiven und ängstlichen Menschen vor, welche Konflikte, Zwiespälte und Entwicklungsprobleme belasten ihn? Dann die Lerngeschichte:

Welche Schemata bestimmen das Erleben, das Denken und das Verhalten? Treiben sich die Angst und die Depression in einem sich selbst verstärkenden Teufelskreis voran? Und schließlich als Drittes die Systemsicht: Wie sind die Beziehungen zu wichtigen Menschen, was bewirken die Angst und die Depression im System, und was macht im Beziehungssystem Angst oder deprimiert?

Renate Aster ist eine gestandene Frau, Norddeutsche mit zwei jugendlichen Kindern und einem auch nicht ganz einfachen Mann. Sie hatte den Einstieg in ihren alten Schulberuf geschafft, Mitte des 5. Lebensjahrzehnts keine Kleinigkeit. Das Häuschen war abbezahlt. Den Freunden und Bekannten im kleinen Ort ging es auch nicht besser. Viele hatten Probleme, vor allem in ihren Ehen.

Dann kam ein Schreckensjahr: Der Vater starb, der Ehemann ging fremd, die Tochter blieb sitzen. Renate Aster wurde aus ihrer ruhigen und sicheren Bahn geworfen. Wut und Verzweiflung (ich bringe mich um), Quälerei, Qualmerei und Sauferei (darauf kommt's jetzt auch nicht mehr an), nächtelange Diskussionen mit dem Ehemann immer im Kreise herum: Warum hast du das getan? Und morgens erschöpft, übermüdet und verkatert in die Schule. Dort merkten ihr die meisten lange nichts an (immer hübsch lächeln). Die Kräfte ließen nach. Der Haushalt wurde zur Qual (wozu denn, für wen denn?), alles wurde ihr zur Last und zur Kraftprobe. Keine Freude hatte sie an ihren alten Vergnügungen (Ausgehen, Freunde zum Essen einladen, Sport). Der ersehnte ruhe- und kraftspendende Schlaf blieb aus. Statt dessen lag sie nächtelang wach und grübelte, ohne zu einem Ende zu kommen.

Kopfweh und Rückenschmerzen führten zum Hausarzt, der schon Bescheid wußte. Er verschrieb Johanniskraut und empfahl eine Kur („Sie müssen mal raus aus dem ganzen Schlamassel"). Sie wollte allein dorthin fahren, mit ihrem eigenen Auto, dann der Zusammenbruch: 50 km vom Heimatort, mitten auf der Autobahn, wurde ihr schlecht und schwindelig. In Panik fuhr sie rechts ran, riß die Fenster und Türen auf. Die Atmung wurde immer schneller. Sie glaubte, sterben zu müssen. Andere kamen zu Hilfe. Der Krankenwagen und der Notarzt waren schnell zur Stelle. In der Klinik wurde Entwarnung gegeben: Kein Herzinfarkt, überhaupt nichts Körperliches. Haben Sie Probleme? So kam sie das erste Mal in ihrem Leben zu einem Psychotherapeuten.

Was war geschehen? Drei für jeden Menschen belastende, kritische Lebensereignisse waren in kurzer zeitlicher Folge eingetreten und hatten eine für Renate Aster und ihre weitere Lebensentwicklung ganz besondere Bedeutung gewonnen. Wir hören vom verstorbenen Vater, daß er ein protestantischer Pastor ganz in der lutherischen Tradition war. Wortgewaltig, streng, aber gerecht über seine Gemeinde wachend, die eigene vielköpfige Familie zum steten Vorbild ermahnend. Mutter paßte dazu, die Pfarrfrau, wie sie im Buche stand. Sie war das karitative Zentrum der Gemeinde. Renate, mit Abstand die Jüngste in der Kinderschar, von allen verwöhntes Nesthäkchen und immer etwas im Wege, machte zwiespältige Erfahrungen. Unsicher und verschüchtert fühlte sie sich bis zur verspäteten Rebellion kurz nach dem Abitur. Damals bekam sie es zum ersten Mal mit ihrem Vater zu tun. Im Hintergrund wirkte schon ihr heutiger Mann. Dieser, ein vier Jahre älterer Lehramtsstudent, ein echter 68er, stellte sich dem Vater entgegen. Das Ergebnis: Renate und ihr Zukünftiger flogen raus, und ihr Mann gab von nun anstelle des Vaters den Ton an. Wie ähnlich die beiden Sturköpfe waren, wurde ihr erst später bewußt.

Mit seinem Ehebruch, einer Betriebsfest-Gelegenheitseskapade, habe er die Erwartungen ihres Vaters bestätigt (ein Lump und ein Taugenichts). Es kam Renate merkwürdig vor, daß er sie gerade zu der Zeit, als ihr Vater im Sterben lag, zum ersten Mal betrog. Ein Glück, daß ihr Vater nichts davon wußte. Nun hatte sie beide Männer, Vater und Ehemann, verloren.

Das Schulversagen der halbwüchsigen Tochter, auch hier war eine erste sexuelle Beziehung im Spiel, paßte dazu. Da konnte ja nichts Gescheites rauskommen. Ihr Lebenstraum war zerstört, alles schien verfahren. Trauer, Wut, Angst vor der Zukunft belasten sie bis an die Grenzen des Erträglichen. Sie hatte niemanden, dem sie sich anvertrauen konnte. Als ihr empfohlen wurde, das Konfliktfeld zu verlassen (in Kur zu gehen), versagte der Kreislauf in einem ersten Panikanfall. Alles wird dadurch noch schlimmer, aber die Entwicklung der Konflikte wird auch langsamer. Alte, längst überwunden geglaubte Verlassenheitsängste steigen wieder auf. Sie fühlt sich wieder als das kleine, nicht ganz ernst genommene Mädchen. Wie soll sie das alles schaffen? Wut steigt in ihr auf, gegen diese Patriarchen, die ihr alles eingebrockt haben, um sie dann im entscheidenden Moment zu verraten, im Stich zu lassen. Aktuelle Belastungen, der Tod, der Betrug, die Schulprobleme und die Reaktualisierung ihrer Kindheitskonflikte, beides, Neues und Altes zusammengenommen, läßt schwierige Alltagserfahrungen vor dem Hintergrund frühkindlicher Probleme eine ungeheure Wucht erlangen. Auf eine für sie lange Zeit undurchschaubare Weise fügt sich alles zusammen. Erst der Tod, dann der Ehebruch, dann das Schulversagen ihres Töchterleins. Sie erkennt, so geht es nicht weiter mit ihr und ihrem Leben, alles dreht sich immer schneller im Kreis. Allein kommt sie nicht voran. Sie entschließt sich, die angebotene psychotherapeutische Hilfe zu erproben.

So weit, so klar. Aber warum Depressionen, warum Angst? Eine Anfälligkeit war wohl schon vorgegeben. Sei sie angeboren (vererbt) oder in der Kindheit erworben durch eine frühzeitig eingeschränkte Selbstentwicklung, ein zu schwaches Selbstbewußtsein. Wir sprechen von einer psychophysischen Vulnerabilität. Zusammen mit subjektiv, d. h. von Renate Aster als besonders belastend erlebten, sogenannten auslösenden Ereignissen, kommt es zur ersten Manifestation der Depression und später auch zu dem ersten Angstanfall. Jetzt gilt es, mit den Belastungen fertig zu werden: Sie grübelt, entwickelt dabei aber nur noch Schreckensvorstellungen, alles wird düster, alles hat seine Farbe und Freude verloren. Das Grübeln verstärkt die negativen Gedanken. Sie wird schwermütig und ängstlich, kennt sich selbst kaum mehr.

Sie rennt zum Arzt, der findet nichts, spricht sie aber auf ihren Kummer an. Sie faßt Vertrauen und folgt seinem Rat, eine Kur zu beantragen. Diese kommt ihrem Wunsch entgegen, dem

Elend zu entfliehen, und gerade dies macht ihr Angst (soll ich alles hinschmeißen?). Das alte Trauma des Loyalitätsverrats in der eigenen Familie, wie sie sich damals ausgeschlossen fühlte, als sie dem Freund folgte und vom Vater des Hauses verwiesen wurde, taucht mit alter Wucht wieder auf.

Körperliche Begleiterscheinungen, die die Angst in dem ohnehin durcheinandergewirbelten Vegetativum erzeugt, verstärken diese Angst bis zur Todesnot. Die Angstsymptome „schaukeln sich hoch". Der Puls rast, das Blut versackt in den erschlafften Venen, Schwindel und Sehstörungen zeigen eine leichte Mangeldurchblutung des Gehirns an, die Atmung beschleunigt sich, um den Sauerstoffmangel auszugleichen, sie hyperventiliert bis zum Krampfanfall. Ein psychovegetativer Panikanfall, den sie nie vergessen wird und der sie für Folgeanfälle („Oh Schreck, es geht wieder los!") anfällig macht. Ein Circulus vitiosus ist entstanden. Angst und Depression haben sich jenseits der ursprünglichen Lebenskrise verselbständigt.

Renate Aster ist nicht allein. Viele sind und viele waren an ihrem Konflikt beteiligt, und viele werden beteiligt sein, wenn sie beginnt, ihre Konflikte zu lösen, z.B. der Ehepartner. Er gab mit seinem Ehebruch den letzten Anlaß zur Krise. Mit ihm wird jetzt am meisten gesprochen in nächtelangen Diskussionen, die doch fast nur noch Monologe sind, immer im Kreis und immer die gleichen Argumente und Gegenargumente und Vorhaltungen und Vorwürfe. Er muß mehr Aufgaben in der Familie übernehmen, wenn sie wegen Angst und Depression ausfällt. Für ihn wird sich am meisten ändern, wenn seine Frau einen neuen Lebensweg einschlägt. Er wird sich umstellen müssen. Wenn beide Glück haben, finden sie einen neuen Anfang, aus dem sie einen Gewinn ziehen können. Wenn nicht, könnten sie sich in diesen mittleren Jahren, wie viele andere, zur Trennung entschließen, oder im schlechtesten Fall bleibt einer auf der Strecke: geschlagen, erniedrigt, ein chronischer „Psychofall".

Beiden Partnern ist eines klar geworden: Weiterzumachen wie bisher wäre nicht gut. Er bliebe die starke bestimmende Vaterfigur, sie bliebe mit all ihren Ängsten und Depressionen

das kleine klammernde Mädchen. Ihre Versuche, selbstbewußter und unabhängiger zu werden, würden erneut als Rebellion
bestraft. Dieser „Vater" hat durch seinen Betrug enttäuscht,
der alte Vater ist gestorben. Renate Aster muß erwachsen werden. In dieser Zeit erfuhr sie von ihrer alten Mutter, daß der
Vater viele außereheliche Verhältnisse, bevorzugt mit Ge-
meindemitgliedern, gehabt hatte. Krankheit ist keine Alternative, und ihr Mann wird sich entscheiden müssen, ob er lieber
mit einer erwachsenen und unabhängigen Frau freiwillig zu-
sammenlebt, oder ob er sich trennt, um alleine oder mit einer
anderen, seinen Vorstellungen besser entsprechenden Frau zu-
sammenzuleben.

Wir verlassen nun, bevor wir zur Behandlung kommen, die
auf so alltägliche Weise vertraut erscheinende Geschichte der
Familie Aster und wenden uns kurz unseren psychiatrischen
Kollegen zu mit ihren Klassifikationen, epidemiologischen
Häufigkeits-, Verlaufs- und Erklärungsstatistiken (Berger
1999).

4.2 Klassifikationen, Häufigkeiten und Verläufe

Angst und Depression sind häufige Symptome. Aus epidemiologischen Studien, vor allem in Großbritannien, der Schweiz
und Deutschland wissen wir, daß im Laufe eines Jahres
5–10 % der erwachsenen Bevölkerung eine im psychiatrischen
Sinne klassifizierbare depressive Erkrankung entwickeln. Bei
überwiegend chronischen Verläufen ist die Häufigkeit bezogen
auf die gesamte Lebensdauer noch höher: 15–20 % aller
Menschen erkranken im Laufe ihres Lebens depressiv, wovon
jedoch nur etwa ein Drittel bis die Hälfte wenigstens eine minimale Behandlung (Gespräche oder Medikamente) erhält.
Frauen sind doppelt bis dreifach so häufig betroffen wie Männer. In der Praxis des Hausarztes oder im Allgemeinen Krankenhaus sind Depressionen die häufigsten psychischen Störungen, die bei 20–30 % der Patienten gefunden werden.

Der Krankheitsverlauf ist schwer zu beurteilen, da immer
nur der kleinere Teil der Depressiven zur Behandlung kommt.

Etwa drei Viertel der Patienten, die sich von einer depressiven Episode erholt haben, erlebten im Laufe des nächsten Jahres einen Rückfall. 10 % bleiben andauernd depressiv.

Für die Klassifikation der Depression bietet uns die Psychiatrie zwei Systeme an, von denen das eine, die internationale Klassifikation der Diagnosen – ICD-10 (Dilling et al. 1993) – durch die Weltgesundheitsorganisation WHO betreut wird und vor allem in Europa Verwendung findet, und das andere, das Diagnostic and Statistical Manual for Classification of Mental Disorders – DSM, (Version IV von 1994) in den USA am verbreitetsten ist. Beide – ICD-10 und DSM-IV – sind in den letzten Jahren grundlegend überarbeitet worden, und beide sind sich darin ähnlich, daß sie bei der Klassifikation der Depression den Schweregrad und den Verlauf, weniger deren Erscheinungsform (Phänomenologie) in den Mittelpunkt stellen: Unterschieden werden anhaltende milde Depressionen (Dysthymia) und mittlere bis schwere Depressionen, vereinzelt oder wiederkehrend. Zu den Symptomen einer depressiven Episode zählen vor allem die gedrückte Stimmung bis hin zu Selbstmordgedanken, der Antriebs- und Interessenverlust, das geringe Selbstvertrauen mit Schuldgefühlen, negatives Denken sowie Störungen des Schlafes und des Appetits. Dazu kommen oft Schmerzen ohne körperlichen Befund.

In etwa der Hälfte der Fälle liegt gleichzeitig eine der Angsterkrankungen vor, d. h., es gibt zwischen Angst und Depression eine hohe Komorbidität von 50–70 %. Auch die Angststörungen sind sehr verbreitet: Ca. 8 % der Erwachsenen erkranken im Laufe eines Jahres, und 11 % entwickeln mindestens einmal in ihrem Leben eine Angsterkrankung – wiederum sind Frauen etwa doppelt so häufig betroffen wie Männer, und wieder bekommt nur etwa die Hälfte der Betroffenen eine wenigstens minimale Behandlung.

Die Einteilung in der ICD-10 und im DSM-IV ist ähnlich. Wir unterscheiden zwischen 1. diffusen, generalisierten Ängsten und 2. auf bestimmte Situationen (Plätze, enge Räume, Höhen) gerichteten Ängsten, den sogenannten Phobien, sowie 3. den starken Angstanfällen (Panikattacken).

Am häufigsten sind die Phobien und hier vor allem die Platzangst (Agoraphobie), das Vermeiden von Orten, an denen entweder früher schon Ängste aufgetreten waren oder aus denen ein Entkommen nur schwer möglich ist (voller Saal, Kaufhaus, Fahrstuhl etc.) oder wo keine schnelle Hilfe möglich ist (Berghotel, Bootstour, einsame Wanderung etc.).

Hiervon unterscheiden wir soziale Phobien, die sich auf Situationen beziehen, in denen man sich blamieren könnte, z. B. einer Einladung zu folgen, in der Öffentlichkeit zu essen, eine Rede zu halten oder was sonst als peinlich empfunden und vermieden wird.

Spezielle Phobien sind die altbekannten Spinnen-, Schlangen-, Mäuse-, Blut-, Spritzen- etc. Ängste.

Bleibt noch der Panikanfall, der selten allein, meist in Kombination mit einer Platzangst (Agoraphobie) auftritt und vor allem durch die körperlichen (vegetativen) Zeichen der Angst bestimmt ist: plötzliches Bedrohungsgefühl, Todesangst, Herzklopfen, Schwitzen, Zittern, Kurzatmigkeit, Mundtrockenheit, Übelkeit, Schwindel, Realitätsverlust.

Schließlich gibt es noch die etwas selteneren, gleichwohl sehr ernsten allgemeinen und diffusen Angststörungen, die über eine lange Zeit (mindestens 6 Monate) fast durchgehend, also täglich, auftreten. Es handelt sich hier um übertrieben erscheinende Ängste und Sorgen zusammen mit Körperbeschwerden wie Unruhe, Ermüdbarkeit, Konzentrationsstörungen, Reizbarkeit, Muskelverspannungen und Schlafstörungen, bei denen mindestens drei der genannten Merkmale vorhanden sein müssen. Der Übergang ist fließend zu den weiter unten besprochenen ängstlichen und vermeidenden Persönlichkeitsstörungen.

Das Beispiel unserer Renate Aster zeigt, wie schwer es in der Praxis sein kann, dieser Lehrbucheinteilung zu folgen. Die sogenannte Komorbidität ist, wie erwähnt, hoch: 50 bis 70 % haben Angst und Depressionen zusammen, 30 bis 80 % haben zugleich mehrere Angstformen, und bei der generalisierten Angststörung sind sogar in über 90 % weitere psychische Störungen vorhanden. Diese Klassifikationen sind also für den Betroffenen selbst und für die Behandlung wenig brauchbar. Ihre größte Bedeutung haben sie in der Forschung, wo spezielle Behandlungen an möglichst einheitlichen (homogenen) Diagnosegruppen erprobt werden sollen. Die Behandlung im Alltag muß dagegen anderen Prinzipien folgen.

4.3 Die Behandlung von Ängsten und Depressionen

Sehr viele (die meisten) Patienten, die unter Ängsten oder Depressionen leiden, suchen zuallererst einen Hausarzt auf, und das ist gut und richtig. Berichtet werden meist körperliche Beschwerden wie Abgeschlagenheit, Schmerzen, Schlafstörungen, Appetit- und Lustlosigkeit bei den Depressionen oder Herzjagen und -stolpern, Schwindel, Schwitzen, Unruhe, Krankheitsbefürchtungen bei den Angststörungen. Der erste Schritt der Behandlung ist die gründliche Abklärung der Beschwerden: Wurde auch keine schwere körperliche Krankheit (z.B. ein Herz- oder Krebsleiden) übersehen? Welchen Anteil haben psychische, familiäre, berufliche Probleme? Wie ist das Ganze entstanden, und wie war die bisherige Entwicklung, wie hat der Patient versucht, sich selbst zu helfen? Was glaubt er selbst, wo die Beschwerden herkommen? Eine derartige hausärztliche psychosomatische Grundversorgung ist für den Patienten wie für unser Gesundheitssystem extrem wichtig, und es ist einer der großen gesundheitspolitischen Skandale, daß sie immer noch so selten angemessen zum Tragen kommt, sei es aus Unvermögen des Arztes, aus Widerwillen des Patienten oder Geldmangel oder aus allem zusammengenommen. Hier wären Leiden und Kosten in großem Umfange einzusparen. Die richtige Grundversorgung beruhigt und unterstützt, sie klärt auf über die Entstehung, den Verlauf und die mögliche Behandlung, und in diesem Rahmen fallen schon die ersten Einsichten, möglicherweise sogar der eine oder andere Ratschlag an, z.B. vor dem, was Angst macht, nicht auszuweichen etc.

Unterstützung, Aufklärung und Beratung haben hilfreiche Wirkungen. Der Patient fühlt sich verstanden, er durchschaut die Zusammenhänge und gewinnt wieder Hoffnung und Handlungsspielräume. So ging es auch Renate Aster, unserer Patientin. Allerdings machte ihr Hausarzt auch sehr typische, leicht vermeidbare Fehler: Er versuchte, ihr die Ängste und Depressionen auszureden. Sie fühlte sich dadurch nicht ernst genommen, noch unzulänglicher (spinne ich schon?), und er mischte sich zu schnell und zu einseitig in den Ehekonflikt ein, indem er ihren Mann in Bausch und Bogen verdammte und ihr riet, sich sofort scheiden zu lassen. Dadurch kam sie noch stärker unter Belastungs- und Rechtfertigungsdruck. Der Arzt stieß ins gleiche Horn wie ihre Freundinnen und Verwandten, die Wind von der Sache bekommen hatten, und sie wußte doch, daß die Lösung nicht so leicht war, und nun mußte sie sich auch noch verteidigen, wenn sie bei ihm blieb. Was half, war ein leichtes beruhigendes Medikament (Johanniskraut), das sie wegen seiner pflanzlichen Herkunft und geringen Suchtgefahr gut akzeptieren konnte. Was auch half, war, nach einigen Wochen in einem längeren Gespräch über weitere Behandlungsmöglichkeiten nachzudenken.

Sie hörte das erste Mal genaueres über Verhaltenstherapie (üben, sich die Angst abzugewöhnen), über tiefenpsychologische, sog. psychodynamische Therapien (Konflikte klären und lösen) und über Paar- und Familientherapie (Beziehungen verbessern). Ihr Hausarzt berichtete ihr von einem Facharzt für Psychotherapeutische Medizin (nicht so medikamentenzentriert wie der Psychiater, aber medizinisch besser ausgebildet als der Psychologe), mit dem er regelmäßig zusammenarbeite und dessen Meinung er hören wollte.

Renate Aster willigte ein und bekam schon bald einen Termin für ein erstes ausführliches Gespräch. Der neue Arzt ließ sie noch einmal in Ruhe – unterstützt durch einige Fragen – ihre aktuellen und ihre früheren Probleme schildern und was sie sich selbst dazu überlegt hatte und was sie erwartete. Nach etwa einer Stunde resümierte er das vorläufige Ergebnis kurz und für sie gut nachvollziehbar: Es sei vieles zusammengekommen, die aktuelle Krise hätte alte Konflikte wieder aufgewühlt, das Ganze würde wohl von allein nicht besser, im Gegenteil, es drohten chronische Angst und Depression. Er schlug ihr ein weiteres Gespräch vor, diesmal gemeinsam mit ihrem Ehemann. Sie war überrascht. Ihr wurde bang, ob er bereit wäre, ob er denkt, ich bin hier über ihn hergezogen, und gibt das nicht nur wieder den alten Krach? Trotzdem, sie hatte Vertrauen gefaßt in den beruhigend und kompetent wirkenden Therapeuten und willigte ein.

Ihr Mann war nicht begeistert, steckte ihm doch noch die heftige Schelte des Hausarztes in den Knochen, der ihn regelwidrig ohne Absprache mit seiner Patientin zu Hause angerufen und zusammengestaucht hatte. Widerwillig begleitete er sie. Zu seiner Überraschung bekam Heiko Aster zunächst reichlich Gelegenheit, seine eigene Sicht zu entwickeln. Die Jahre andauernde und bedrückende Ängstlichkeit seiner Frau, ihre starke Bindung an die eigenen Eltern, seine Außenseiterposition in ihrer Familie – und dann diese Dummheit. Gelegenheiten fremdzugehen hätte er doch schon reichlich gehabt, aber warum er es gerade jetzt getan hatte, wisse er nicht. Ihm sei es wohl selbst nicht gut gegangen. Jetzt fühle er sich mies. Es müsse sich etwas ändern. So könne es nicht weitergehen. Aber wie denn sonst? Der Therapeut stellt überraschend eine Übereinstimmung der Partner fest und schlägt vor, nunmehr verstärkt über künftige Entwicklungen, über Lösungsvorschläge und Alternativen zum Bestehenden nachzudenken und die Vergangenheit nur noch insoweit zu berühren, als dies helfe, die zukünftige Entwicklung zu verbessern. Schnell zeigte sich, daß dies kaum möglich war. Zu stark waren die Verletzungen, Kränkungen und Verunsicherungen, die vor allem Renate Aster empfand. Es wurde beschlossen, daß sie zunächst allein zum Therapeuten ginge (einmal die Woche) und der Mann erst in einigen (ca. 6–8) Wochen dazukäme. Bis dahin sollte möglichst nichts geändert werden.

Die Einzelgespräche erlebte Renate Aster zwiespältig. Sie halfen ihr. Zugleich hatte sie das Gefühl, sie sei wieder die Schuldige, die Kranke, die zum Therapeuten geschickt wurde. Ihr Mann machte es sich wieder einmal leichter. Sie dachte über ihre bisherige Lebensentwicklung nach. Viele Zusammenhänge wurden ihr bewußt. Sie hatte dies noch nie so gesehen, geschweige denn verstanden oder gar besprochen.

Die Ängste blieben davon unberührt. Erst als sie mit Hilfe ihres Therapeuten ein „Angstprotokoll" führte und schrittweise begann, ihren Lebensraum wieder zu erweitern, ja sogar ganz gezielt ängstigende Situationen aufzusuchen, nahmen die Ängste ab. Panikattacken hatte sie schon lange nicht mehr. Die Selbstzweifel, Minderwertigkeitsgefühle und Depressionen wurden durch die ersten Erfolgserlebnisse gemindert.

In einigen Paargesprächen gewann sie Klarheit und Standfestigkeit, was unerwartet die Auseinandersetzungen erleichterte. Nach ca. eineinhalb Jahren und ca. 50 Einzel- und 10 Paargesprächen wurde die Therapie von den Beteiligten im Einvernehmen beendet. Medikamente brauchte sie schon lange nicht mehr.

5. Eingebildete Kranke? – Körperbeschwerden ohne Körperbefunde

Eine der wichtigsten und häufigsten Massenkrankheiten entzieht sich bis heute weitgehend öffentlicher Aufmerksamkeit. Es geht um die von chronischen Körperbeschwerden Geplagten, bei denen auch die sorgfältigste moderne Diagnostik allenfalls Nebenbefunde zutage fördert, die keinesfalls das Ausmaß und das Andauern der Symptome erklären können. Und dies betrifft 20 bis 40 % der Patienten eines Hausarztes. Und dies trotz aller ärztlichen Beteuerungen: „Seien Sie froh, daß Sie gesund sind"; trotz aller Ermahnungen: „Sie müssen sich jetzt zusammenreißen"; und trotz aller mehr oder weniger heftigen Beschimpfungen: „Ich wäre froh, ich hätte Ihr Herz (Ihre Wirbelsäule, ihre Gelenke etc.)". Die Schmerzen, die Schwindelanfälle, die Müdigkeit sind hartnäckiger. Und deshalb bleiben die Patienten überzeugt, an einer schweren, wenn nicht todbringenden Krankheit (Krebs, Herzschwäche o.ä.) zu leiden, und in ihrer Not suchen und erhalten sie immer neue Hilfen: „Du, ich habe gelesen ..., Warst du schon zur Akupunktur ..., Meine Schwägerin hatte das gleiche, heute ist sie tot, die haben das total verschlampt, glaub denen bloß nicht, die sind doch nur aufs Geld scharf." Die Patienten erleiden immer neue und immer herbere Enttäuschungen und Kränkungen: „Nein, leider ...; hat nur kurz gehalten ...; ich bilde mir das doch nicht ein ...; ich spinne doch nicht." Viel Lebenskraft und Lebensfreude, viele Milliarden Gesundheitsgelder werden dem einzelnen und der Gesellschaft abverlangt.

Diese früher als Hysterie, Hypochondrie oder als funktionelle Störungen, heute als Somatoforme Krankheiten bezeichneten Leiden haben erst in den letzten Jahren vor allem in der Allgemeinmedizin und in der Psychotherapie eine angemessene Würdigung und etwas erfolgversprechendere Behandlung erfahren (Rudolf und Henningsen 1998). Wegen ihrer Bedeutung und weil sie uns helfen, die grundlegenden Wechselwirkungen von Körper und Seele in der Psychotherapie besser zu verstehen, stellen wir sie nach der Angst und Depression gleich an die zweite Stelle, und wir beginnen wieder mit einem Behandlungsbeispiel.

5.1 Aus einer Schafferin wird eine Arztgängerin

Irmela Schmitz und ihr Mann kommen aus dem Osten. Nach der Wende wurden sie beide aus bankrotten Staatsbetrieben entlassen. Sie schätzten sich glücklich, verlockenden Angeboten in den Westen folgen zu können, und auch der halbwüchsige Sohn war vom Umzug begeistert. Die Enttäuschung war bitter. Erst wurden ihrem Mann von einem Anlagebetrüger alle Ersparnisse abgegaunert, dann wurde sie krank. Schmerzen im Rücken, in den Armen, unerträglicher Schwindel, keine Nacht schlief sie durch. Die Schmerzen und die Sorgen trieben sie zur Verzweiflung. Wären ihr Mann und ihr Sohn nicht gewesen, sie hätte sich vielleicht das Leben genommen. Unzählige Besuche bei Spezialisten und Alternativheilern, lange Aufenthalte in Kliniken und Sanatorien, der Verlauf war immer der gleiche, besorgte Mienen am Anfang: „Wie sehen Sie denn aus ...", Hoffnung: „Warten Sie mal ab, das kriegen wir schon hin", und ein enttäuschendes, oft gereiztes Ende: „... Sie müssen schon mitziehen, ... ich sage Ihnen nochmals, Ihre Wirbelsäule ist für Ihr Alter völlig in Ordnung, ... Was wollen Sie denn noch, wir haben doch schon alles untersucht." Was ihr blieb, waren wachsende Mengen von Schmerz-, Schlaf- und Beruhigungsmitteln, die sie im Laufe der nun schon dreijährigen Leidensgeschichte einnahm.

Diese erste Skizze enthält bereits viele der diagnostischen Merkmale somatoformer Störungen. Diese sind definiert (ICD-10 vergleichbar auch DSM-IV) als wiederholte Darbietung körperlicher Symptome in Verbindung mit Forderungen nach medizinischen Untersuchungen trotz wiederholter negativer Ergebnisse und der Versicherung der Ärzte, daß die Symptome nicht ausreichend körperlich begründbar sind. Am häufigsten sind Schmerzen, Schwindel und Erschöpfung. Die Patienten widersetzen sich meist einer psychologischen Betrachtung ihrer Beschwerden. Die Vertrauensbeziehung zum Arzt wird dadurch oft getrübt. Früher oder später stellen sich auch Ängste oder Depressionen ein, was zu einer Überlappung mit den eben in Kapitel 4 besprochenen Störungen führt. Um die Diagnose zu stellen, sind der Ausschluß einer schweren körperlichen Krankheit und ein andauernder Krankheitsverlauf (Chronifizierung) nötig.

5.2 Sich verstanden fühlen

Sie hatte schon alle Hoffnung auf eine Änderung zum Besseren aufgegeben, da brauchte Irmela Schmitz wieder eine Krankschreibung – sie war inzwischen arbeitslos – und ein neues Rezept. Auch mit ihrem letzten Arzt hatte sie sich verkracht. Jetzt hatte ein neuer Allgemeinarzt eine Praxis in ihrer Nähe übernommen. „Was führt Sie zu mir?" – „Ach wissen Sie, eigentlich brauche ich nur ein Rezept und eventuell auch eine Krankschreibung, aber ich bin sowieso arbeitslos." – „Ja wieso, was ist denn los, erzählen Sie mal." Irmela Schmitz beginnt heftig und unvermittelt zu weinen. Irgend etwas in ihr ist berührt worden. Der Arzt bleibt ruhig. „Das ist in Ordnung, lassen Sie es nur raus." So etwas hatte sie ja noch nie erlebt. Schnell reißt sie sich zusammen. „Danke, es geht schon. Das passiert mir in letzter Zeit öfter." – „Ja, was ist denn?" – „Ach wissen Sie, das ist eine blöde Geschichte." – „Sollen wir darüber mal in Ruhe reden?" – „Ja, wenn Sie meinen, das wäre vielleicht nicht schlecht." – „Okay, in drei Tagen um 18.00 Uhr, ich nehme Sie dann als letzte dran. Langt es bis dahin noch mit dem Rezept und der Krankschreibung?" – „Jaja, das geht schon."

Skeptisch, aber auch neugierig kommt sie zum vereinbarten Gespräch. Die Atmosphäre ist angenehm, sie kann in Ruhe sprechen. Präzise und einfühlsame Fragen helfen ihr, den Faden zu halten. Nach ca. 30 Minuten faßt der Arzt kurz zusammen: „Ich sollte mir, wenn Sie einverstanden sind, die früheren Unterlagen kommen lassen. Mein Eindruck ist, daß – egal, wo die Beschwerden herkommen – Sie jetzt schon schwer belastet sind, nervlich und durch das, was Sie mir von ihrer Familie erzählt haben und von der Arbeitslosigkeit. Die Medikamente, das haben Sie ja schon erlebt, helfen immer nur kurz, dann braucht man mehr und läuft Gefahr, durch Nebenwirkungen oder Medikamentenabhängigkeit zusätzlich belastet zu werden. Außerdem lösen die Pillen keine Probleme. Deshalb zögere ich, sie Ihnen einfach weiter zu verschreiben". – „Ja meinen Sie denn, ich bilde mir das Ganze nur ein?" – „Das mit Sicherheit nicht, aber die gleichen Schmerzen können auf sehr unterschiedliche Weise entstehen, und meist kommt mehreres zusammen: ein Schwachpunkt in der Wirbelsäule, Sorgen, Belastungen, Verspannungen und die Schmerzen selber machen weiter mürbe, das ist ein Teufelskreis. Wie man da herausfinden könnte, darüber würde ich gern mit Ihnen weiter nachdenken. Dann habe ich auch alle Unterlagen beisammen, und wir kennen uns schon etwas. Könnten Sie in einer Woche nochmal kommen? Bis dahin schreibe ich Ihnen einen Entspannungstee auf und würde Sie bitten, sich bei Frau Meier anzumelden, einer Krankengymnastin, die sehr gute Muskelentspannungen macht. Okay?" – „Ja, wenn Sie meinen."

Irmela Schmitz ist hin und her gerissen. Ihrem Mann erzählt sie: „Der Arzt ist eigentlich ganz nett, aber ich glaube, der schiebt alles doch nur auf die Psychoschiene. Aber ich kann ja mal schauen. Nur ich merke jetzt schon, daß mir die Valium fehlen. "

Ihr Mann teilt die Skepsis, stimmt aber zu, daß sie keine Alternativen hat. Noch dreimal (insgesamt fünfmal) geht sie zu kurzen Gesprächen (20–30 Minuten). Einmal wird auch ihr Mann mit eingeladen. Die Entspannungsübungen sind neu und tun ihr gut. Endlich bekommt sie selbst etwas an die Hand. Heimlich nimmt sie ihre Tranquilizer weiter (die verkauft ihr der Apotheker in der Innenstadt auch ohne Rezept). Beim fünften Gespräch überlegt sie zusammen mit dem Hausarzt, wie es weitergehen soll. Inzwischen ist sie selbst überzeugt, daß ihr die Gespräche und die Entspannungsübungen guttun. Beide sehen sie aber auch, daß die Zeit und die Fachkenntnisse des Arztes begrenzt sind. Ein Psychotherapeut, der sich mit Schmerzstörungen auskennt, soll hinzugezogen werden, um entscheiden zu helfen, ob ihr Gespräche, Ablenkung oder Entspannungsübungen noch weiterhelfen können. Sie hält nicht viel von Psychologen oder Psychiatern (den Unterschied kennt sie inzwischen). Auch frühere Ärzte hätten versucht, ihr eine Macke einzureden. Eher dem Hausarzt zuliebe stimmt sie zu.

Wir haben hier ein typisches Beispiel einer psychosomatischen Grundversorgung. Dies sind die vom primär somatisch orientierten (Haus-)Arzt erbrachten und in Deutschland auch von den Krankenkassen bezahlten Gesprächsleistungen. Diese beinhalten in diesem wie in ähnlichen Fällen Basisdiagnostisches, d.h. die grundlegende und vorläufige Abklärung des Anteils körperlicher (z.B. Wirbelsäule), seelischer (z.B. Angst und Depression), familiärer (z.B. Partnerschaft) und sozialer (z.B. Arbeitslosigkeit) Belastungen an der Entstehung, am Verlauf und an der Bewältigung der Beschwerden (vor allem der Schmerzen). Dazu kommen sogenannte basistherapeutische Leistungen, hier eine als vertrauensvoll und hilfreich empfundene Beziehung, Aufklärung über die Art und die Entstehung der Beschwerden, Beschwerdelinderung (z.B. durch Entspannungsübungen) und eine erste positive Erfahrung, daß ein Gespräch allein oder mit dem Partner zusammen durchaus hilfreich, entlastend, anregend und klärend sein kann.

Schließlich kommt als dritte Aufgabe der psychosomatischen Grundversorgung die Vermittlung weiterführender psychosomatischer und psychotherapeutischer Angebote hinzu, die Orientierungshilfe im nicht ganz leicht zu durchschauenden psychosomatisch-psychotherapeutischen Versorgungsfeld. Durch Aufklärung und Motivierung der Patientin und durch Kooperation des Hausarztes mit Spezialisten in Art einer Konsultation (noch keine feste Behandlungsvereinbarung!) wird die Schwelle zur Psychotherapie herabgesetzt. Was bleibt und was das Vertrauen belastet, ist die geheimgehaltene Medikamentenabhängigkeit, und was bleibt, ist eine immer noch tiefe Abneigung gegen eine psychosomatische Betrachtung, die immer auch als entwertend (eingebildete nicht „echte" Schmerzen) und schuldzuweisend (reiß dich zusammen) erlebt wird, sowohl von der Patientin als auch von ihrer Familie und von ihrem Freundeskreis.

5.3 Ein Psychotherapeut wird hinzugezogen

Irmela Schmitz erscheint mit bangen Gefühlen zu dem vereinbarten Termin bei einer Fachärztin für Psychotherapeutische Medizin (komischer Name, hab' ich noch nie gehört). Die erste Überraschung: kein stechender Blick, kein verdunkeltes Zimmer, kein brütendes Schweigen, keine Unterstellungen, alles käme von ihrer verklemmten Sexualität. Statt dessen eine helle, angenehme und professionelle Atmosphäre. Eine einladende Eröffnung: „Ich weiß von Ihrem Hausarzt, Sie haben die ganze Geschichte ihm und auch anderen Ärzten schon oft erzählen müssen. Dennoch würde ich Sie bitten, zu meinem besseren Verständnis nochmals Ihre Beschwerden zu schildern und was Sie sich selbst dazu überlegt und vielleicht schon herausgefunden haben. Wir haben etwa eine Stunde Zeit. Gegen Ende werden wir dann sehen, ob ich Ihnen etwas Weiterführendes raten kann, ob Ihnen z. B. durch Psychotherapie weitergeholfen werden kann."

Irmela Schmitz fällt es inzwischen schon leichter, über ihre Beschwerden, ihre enttäuschenden Behandlungserfahrungen und über die Lichtblicke, die ihr die Gespräche beim Hausarzt und die Entspannungsübungen vermittelt haben, zu sprechen. Aber Psychotherapie – das kann sie sich nicht vorstellen. Wie soll vom Reden der Rücken wieder gut werden? „Das wahrscheinlich nicht", pflichtet ihr die Ärztin bei, „aber ich habe den Eindruck, das Ganze ist eine ziemliche Last für Sie geworden." – „Ja schon, aber da kann man sich doch nur selbst helfen, oder?" – „Sicher, das haben Sie ja offenbar bei Ihrem Hausarzt schon gemerkt und auch, wie hilfreich es sein kann, sich mit jemandem zu beraten, wie Sie sich selbst am besten helfen können." – „Ja, da ist was dran." – „Jetzt würde ich vorschlagen, wir haben noch etwas Zeit, daß Sie mir mehr von Ihrem Leben erzählen, damit ich Sie besser kennenlernen kann." – „Ja wieso, meinen Sie, da kommen die Schmerzen her?" – „Nein, so einfach ist das sicher nicht. Nur macht es einen Unterschied, ob ein Mensch schon im früheren Leben viel zu verkraften hatte." – „Ja, das stimmt, da war einiges."

Irmela Schmitz schildert eine der Lebensgeschichten, wie sie für somatoforme Störungen und insbesondere für Schmerzpatienten nicht untypisch ist. Die Ehe ihrer Eltern war schlecht. Der Vater war alkoholabhängig und gewalttätig, die Mutter depressiv. Während diese wieder einmal in einer Psychiatrischen Klinik behandelt wurde, begann der Vater, sich an Irmela, seiner ältesten Tochter zu vergehen. Vom 12. bis 16. Lebensjahr wurde sie regelmäßig vergewaltigt. Die drei jüngeren Geschwister wußten davon, schwiegen aber aus Angst. Später sei auch die zwei Jahre jüngere Schwester mißbraucht worden. Die Mutter, der sich die Patientin anzuvertrauen versuchte, wollte davon nichts wissen. Im Gegenteil, sie machte der Tochter Vorwürfe, sie sei eine Schlampe und sie solle sich schämen. Früh lernte Irmela ihren ersten Mann kennen. Danach traute sich der Vater nicht mehr an sie heran, aber gut ging es ihr auch in dieser Beziehung nicht. Auch dieser Mann trank. Er war gewalttätig und vergewaltigte sie mehrfach. Sie heiratete – wie in der DDR üblich – früh, auch um eine Wohnung zu bekommen. Kurz vor der Scheidung wurde sie von ihrem Ex-Mann noch einmal zusammengeschlagen und mißbraucht. Danach war sie schwanger. Sie weiß bis heute nicht, wo sie die Kraft hergenommen hat, sich zu trennen und ihr kleines Kind allein zu versorgen. Später lernte sie ihren heutigen Ehemann kennen, der ein ähnliches Schicksal hatte. Zu dritt lebten sie über Jahre glücklich, wenngleich sie sich erinnert, daß die Angst, auch dieser Mann könne sie enttäuschen, nie ganz schwand. Daraus erwuchs eine gewisse Beklommenheit in der Ehe. Sie wagte kaum, über ihre Gedanken und Gefühle zu sprechen. Auch kleine Auseinandersetzungen machten ihr angst. Dem Mann sei es wohl ähnlich gegangen.

1989 kam die Wende. Befreiung und Aufbruch, Verlust des Vertrauten, Unsicherheit und Enttäuschung. Die Gefühle wechselten schnell. Innerhalb kürzester Zeit hatte sich ihre Lebenswelt völlig verändert, und dabei sei irgend etwas zerbrochen in ihr und in ihrem Leben.

Die Ängste wurden unerträglich. Sie nahm ihren Ehemann immer verzerrter wahr, obwohl er so wenig nach dem Vater kam. Sexualität gab es kaum noch. Schmerzen stellten sich ein. Naja, den Rest kennen Sie ja …

Die Therapeutin bleibt ruhig und zugewandt, teilnahmsvoll und einfühlsam ohne billigen Trost: „Ja, das ist schlimm für Sie, was da alles wieder hochkommt. Wollen wir mal überlegen, wie es weitergehen kann?" Sie entwickelt mit der Patientin ein Behandlungsprogramm, das kurzfristige Hilfe zur Linderung oder wenigstens Bewältigung der Beschwerden und der Auswirkungen auf die heutige Lebenssituation (Arbeit und Familie) mit der Bearbeitung der grundlegenden, in der Krise erneut aktualisierten Konflikte und Belastungen verbindet.

Bei einer komplexen und vielschichtigen Problematik ist oft als erster Schritt zur Einleitung einer Entwicklung eine stationäre psychotherapeutisch-psychosomatische Behandlung angezeigt. Nach deren Abschluß müßte die Behandlung noch etwa 1–2 Jahre ambulant fortgeführt werden.

Oh Schreck, auch das noch, in die Klapsmühle?

Auch ihrem Mann erschien dieser Vorschlag befremdlich. Gemeinsam schauten sie sich die Klinik an. Die Räume, das

Programm, das Team, die Erläuterungen des Stationsarztes und der Krankenschwester machten sie neugierig. Zögernd willigte sie in eine zweiwöchige Probebehandlung ein. Diese verläuft zwiespältig. Einerseits ist sie erleichtert und gewinnt neue Hoffnung, andererseits belastet sie der Kontakt mit den anderen Patienten. Sie schläft schlecht, die Schmerzen wechseln ständig. Schließlich willigt sie in eine Verlängerung der Behandlung auf insgesamt 12 Wochen ein – was für ein Aufwand, welch Einschnitt ins Leben. Ihr Ehemann und ihr Sohn sind sprachlos.

Die Behandlung bestand aus tiefenpsychologischen Einzel- und Gruppengesprächen (je zweimal wöchentlich) zur Konfliktaufdeckung und Konfliktbearbeitung, einer verhaltenstherapeutischen Schmerzgruppe zur Information, Unterstützung und Verhaltens- bzw. Einstellungsänderung durch Aufklärung, Übung (z. B. Entspannung) und Veränderung der schmerzverstärkenden Muster (z. B. Teufelskreis) sowie gemeinsame therapeutische Gespräche mit Mann und Sohn. Dazu kamen kreative nonverbale Verfahren wie Körpertherapie (konzentrative Bewegungstherapie) und Kunsttherapie. Sozialtherapie diente der Beratung ihrer beruflichen Probleme. Hilfreich war auch ein individuell abgestimmtes Sportprogramm. Beim Zusammenleben in einer „therapeutischen Gemeinschaft" stellten sich positive wie konflikthafte Erfahrungen schon bald ein und konnten an Ort und Stelle besprochen, gelöst oder auch akzeptiert werden. Zwischendurch zweifelte sie an dem Ganzen. Es ging ihr wieder schlechter. Schmerzen, Depressionen und Ängste nahmen zu. Nach der Überwindung dieser Krise ging es aufwärts. Sie machte neue Erfahrungen, und sie lernte mit den Schmerzen besser umzugehen.

Als sie nach der Entlassung aus der Klinik zu ihrer früheren Therapeutin zurückkehrt, ist sie wie verwandelt. Auch die Beziehungen zu ihrem Mann und ihrem Sohn haben sich geändert. Sie weiß, was sie will. Ergänzend zu den wöchentlichen Einzelgesprächen setzt sie die Körpertherapie (konzentrative Bewegungstherapie) in einer Gruppe fort. Nach eineinhalb Jahren und 50 Einzelgesprächen, gelegentlich zusammen mit dem Ehemann, und 20 Sitzungen konzentrativer Bewegungstherapie ist die ambulante Behandlung beendet.

Was wurde erreicht, und wie kam die Entwicklung zustande?

5.4 Entwicklung und Behandlung somatoformer Störungen

Tragen wir alle Informationen aus dem in vieler Hinsicht lehrreichen Beispiel der Irmela Schmitz zusammen und stellen uns die Frage, wo kommt die Störung her und wie konnte die Psychotherapie wirken?

Wir hörten eine lange und verwickelte Geschichte, in deren Verlauf körperliche, seelische, familiäre und soziale Entwicklungen sich wechselseitig beeinflußten.

Beginnen wir mit den körperlichen (psychobiologischen) Faktoren. Ganz klar sind die Zusammenhänge bis heute nicht, aber soviel konnten wir auch hier erkennen: Die Krankheit entwickelte sich auf der Grundlage verschiedener körperlicher Schwachpunkte. Festgestellt wurden eine alterslädierte Halswirbelsäule und eine überschießende Reaktion auf psychischen Streß, eine Dauernanspannung des sogenannten autonomen Nervensystems, welches für die Regulation der Herzfunktionen, der Atmung, des Wärmeaustauschs (Schwitzen), des Verdauungssystems und letztlich auch der Schmerzwahrnehmung verantwortlich ist. Das heißt, ähnlich wie bei vielen anderen psychischen Störungen (z. B. Angst und Depression) steht der Patient unter Dauerstreß, dessen körperliche Begleiterscheinungen wie Herzrasen, schnelle Atmung, Schwitzen, trockener Mund, verstärkte Darmtätigkeit etc. als unangenehm und beunruhigend wahrgenommen werden. Der Patient gerät in einen Teufelskreis wachsender innerer Spannung, in deren Folge sich vielfältige, oft wechselnde Körperbeschwerden einstellen. Die verstärkte Aufmerksamkeit für Körpersignale gilt auch für Schmerzsignale, welche eine geschädigte oder verspannte Wirbelsäule aussendet, und dieser Schmerz führt zu weiterer Verspannung. Vieles spricht dafür, daß das Risiko, in einen solchen Angst-/Spannungsteufelskreis zu geraten, in Form einer angeborenen erhöhten Erregbarkeit des autonomen Nervensystems vorgegeben ist. Aber die Auslöser und die den Teufelskreis unterhaltenden Faktoren sind psychosoziale Belastungen, und an denen mangelt es in Irmela Schmitz' Leben nicht.

Bringen wir uns die Geschichte in Erinnerung: Wie fast alle an somatoformen Störungen leidenden Patienten hatte auch Irmela Schmitz eine erhöhte Zahl allgemeiner Belastungen zu verkraften. Psychische Störungen beider Eltern, Alkoholmißbrauch, zerrüttete Verhältnisse, körperliche und sexuelle Mißhandlungen. Ihre Lebensentwicklung wurde früh und nachhaltig belastet. Lösungsversuche, z. B. eine frühe Ehe, scheiterten. Die Patientin gerät durch unbewußte Wiederholungszwänge in ein gleiches Dilemma mit einem mißbrauchenden, alkoholabhängigen Ehemann. Durch eigene Anstrengungen und glückliche Umstände gelingt es ihr, sich zu befreien. Für einige Jahre verlief ihr Leben gesund und glücklich.

Ihre Anfälligkeit blieb bestehen, und das nächste Trauma, der Zusammenbruch ihrer Lebenswelt nach der politischen Wende, führte zu einer jähen Reaktualisierung der früheren Verletzungen. Die psychische Abwehr versagte. Sie erkrankte mit Angst, Depression und schließlich einer ausgeprägten somatoformen Schmerzstörung. Rationalisierung (vernünftig bleiben), Abspaltung (sich zusammenreißen, nichts anmerken lassen) und Somatisierung (die Verwandlung von Psychischem in Körperliches), mithin ihre bevorzugten Abwehrformen, halfen kaum noch, zogen im Gegenteil weitere Belastungen nach sich.

Hier erkennen wir die zwiespältigen Beiträge des Umfeldes, der Familie und der Arbeit. Beides half zeitweise und wird jetzt zum neuen Konfliktfeld. Sie überträgt ihre Konflikte auf den Mann und den Sohn, die sie zunehmend verzerrt als bestrafende, enttäuschende Verfolger wahrnimmt. Gleiches spielt sich auch bei den behandelnden Ärzten ab, die sich im Erleben der Patientin nach anfänglichen Verheißungen schon bald als enttäuschend, ungeduldig und unwirsch erwiesen.

Erst durch Psychotherapie gelingt es ihr, diese Zusammenhänge zu durchschauen. In dem Maße, in dem sie erkennt, daß ihr Leben durch das Wiederaufleben alter Belastungen und durch die Übertragung früherer schlimmer Erfahrungen beeinträchtigt wird, verlieren diese Gefühle ihre existentiell bedrohliche Wucht. Sie ist eben nicht mehr das kleine, hilflos und hoffnungslos ausgelieferte Mädchen, sondern eine erwachsene Frau, die unter ihrer Vergangenheit leidet.

Dieser tiefenpsychologische Zugang muß angesichts der Dauer und der Schwere der beklagten Symptome durch kurzfristige Beschwerdelinderung ergänzt werden. Hierzu gehören neben allgemeinen physikalischen Behandlungen (vor allem Krankengymnastik, Fango und Massage) auch verhaltenstherapeutische Techniken, die den zunehmend verselbständigten Teufelskreis unterbrechen helfen. Entspannungsübungen (insbesondere die Jacobsonsche Progressive Muskelrelaxation) helfen, das hochregulierte autonome Nervensystem zu beruhigen. Die Patientin merkt, daß sie den quälenden Symptomen nicht hilflos ausgeliefert ist: Ich selbst kann etwas dagegen tun. Dazu kommt die verhaltenstherapeutische Überwindung der die Krankheit aufrechterhaltenden Bedingungen, z. B. zu weitreichende Schonung auch durch die Partner und die Familie, Ausweichen vor Belastungen, allgemeine Verunsicherung und Minderwertigkeitsgefühle (ich kann nichts und bin nichts).

Die Entwicklung von Bewältigungs- und Ablenkungsstrategien hilft, trotz der Schmerzen die Lebensqualität zu erhalten oder wiederherzustellen. Das familiäre Umfeld muß von Anfang an informiert, unterstützt und beraten oder in die Konfliktlösung einbezogen werden. Medikamente haben eine unsichere Wirkung. Antidepressiva können bei ausgeprägter Komorbidität (begleitende Depression) Hilfe bringen. Zu warnen ist vor Beruhigungs- und Schmerzmitteln. Sie verlieren schnell ihre Wirkungen und können zu körperlichen und psychischen Abhängigkeiten führen.

5.5 Alternativen

Wir erfuhren eine lebenslange Krankheitsgeschichte, die in den letzten Jahren von ambulanten und stationären psychotherapeutischen und psychosomatischen Behandlungen bestimmt war. Mehr als eine Beschwerdelinderung und eine Verhinderung von Folgeschäden bei der Patientin, deren Partner und letztlich auch der nächsten Generation (dem Sohn) wurde nicht erreicht. Hinterher sind alle klüger, und heute gibt es umfassendere und bessere Hilfen als in der ländlichen DDR, wo die Weichen für das heutige Leiden gestellt wurden.

Vorbeugend wäre eine Unterstützung bereits in der Herkunftsfamilie wichtig gewesen. Aber selbst heute wird den Kindern psychisch kranker Eltern (Mutter depressiv, Vater Alkoholiker) nicht immer angemessen geholfen, wenngleich die Einsicht in die Folgen sexueller und körperlicher Mißhandlungen weit verbreitet ist. Kindergärten, Schulen, Hausärzte, Kinderkliniken und andere sind aufmerksamer und problembewußter geworden.

Eine weitere Gelegenheit, das Unglück abzuwenden, hätte es beim Scheitern der jungen Ehe gegeben. Heute werden Möglichkeiten der Eheberatung und der persönlichen Psychotherapie in solchen Krisen angeboten und wahrgenommen. Selbst wenn sie gewollt hätte, Irmela Schmitz hätte schwerlich angemessene Hilfe in ihrer Zeit und ihrem damaligen Umfeld gefunden.

Auch die jüngste Entwicklung der letzten fünf Jahre wurde trotz des halbwegs glücklichen Endes durch typische Fehler aller Beteiligten belastet. Dies sind Fehler, die leicht zu vermeiden sind und die aber trotzdem auch heute viele unglückliche Entwicklungen bewirken.

Zunächst haben die beteiligten Hausärzte und Kliniker die schwere Krankheit (somatoforme Störung) lange Zeit übersehen, weil sie ausschließlich nach einer körperlichen Störung suchten und weil sie die somatoforme Störung mit einer eingebildeten, wenn nicht sogar simulierten Krankheit verwechselten. Dies ist eine Fehleinschätzung, der auch die Patientin und ihre Familie unterlagen. Die schweren Depressionen und Ängste wurden ignoriert. Sehr spät wurden psychische Faktoren in Erwägung gezogen. Die Form, in der diese Überlegungen an die Patientin herangetragen wurden, war für sie völlig unannehmbar. Es fehlten das Vertrauen, die Aufklärung, die Vorbereitung für einen so schwierigen Schritt. Statt dessen erlebte Irmela Schmitz die Überredungsversuche („Was haben Sie denn nun für Probleme?") beschämend oder gar bestrafend („Da kann Ihnen nur ein Psychiater helfen"), und schließlich wurden, um die Patientin zu vertrösten und ruhigzustellen, Schmerzmittel und Tranquilizer in hohen Dosen über lange Zeit gegeben. Dies besiegelte die Chronifizierung und führte zu weiteren schweren Schäden. Keinem der beteiligten Ärzte, Familienangehörigen oder gar der Patientin selbst sollen hier Vorwürfe gemacht werden. Alle haben irgendwie irgendwo nach einem Ausweg aus dem Elend gesucht. Aber Trauer, wenn nicht Verzweiflung kann aufkommen angesichts einer jahrzehntelangen Entwicklung, in deren Verlauf die Versuche, dem Unglück zu entkommen, weiteres Unglück heraufbeschworen.

6. Eßstörungen – Zeitkrankheiten nicht nur von Frauen[*]

6.1 Magersucht – Wer kennt sie nicht

Katja Schneider ist 18 Jahre alt. Sie kann nicht mehr. Blaß, abgemagert bis auf die Knochen, schwitzend und zitternd rutscht sie vom Mountainbike. Ihre Freundin schreit: „Mir reicht's, ich mach das nicht mehr mit, jetzt tu endlich was, geh zum Arzt, du kriegst das nicht mehr in den Griff mit deiner blöden Magersucht."

10 Tage später ist sie in die Psychosomatische Universitätsklinik aufgenommen worden. Sie wiegt noch 36 kg bei einer Körpergröße von 1,72 m. Der Körper-Gewichts-Index (Body-Mass-Index BMI), eine wichtige Orientierungsgröße, wird nach der Formel (Körpergewicht in kg) : (Körpergröße in m)^2

---

[*] Siehe hierzu den Band „Eßstörungen. Ursachen, Symptome, Therapien" von Ulrich Cuntz und Andreas Hillert, C. H. Beck Verlag, München 1998 (C. H. Beck Wissen 2087).

errechnet. Er beträgt nur noch 12, die Anorexiegrenze liegt bei 17,5. Ihre Haut ist trocken, die Haare rissig, auf den Armen hat sich ein Babyflaum (Lanugo) gebildet. Die Regel ist seit Monaten ausgeblieben. Das Herz schlägt langsamer (Bradykardie), die Körpertemperatur ist herabgesetzt (Hypothermie), die Finger sind kalt und blau. Die Blutuntersuchung zeigt einen gefährlich erniedrigten Kaliumwert, es besteht akute Lebensgefahr (z. B. Herzflimmern).

Psychisch merkt man ihr nichts an. Sie lächelt in sich gekehrt. Sie ist nett, freundlich und wohlerzogen. Fast scheint sie ein wenig stolz auf das Entsetzen ihrer Umgebung zu sein. Nein, zu dünn fühlt sie sich keinesfalls. Hunger hat sie auch nicht. In die Klinik ist sie auf Drängen der Ärzte und ihrer Familie gegangen. Zunehmen möchte sie keinesfalls, und Probleme habe sie auch nicht.

Auf der Psychotherapiestation lernt Katja andere junge Frauen kennen, die ähnliche Probleme haben, die aber in ihrer Entwicklung weiter vorangeschritten sind. In Einzel- und Gruppengesprächen, im Kontakt mit dem Pflegepersonal und den Mitpatientinnen wird ihr bewußt, daß sie an einer Sucht leidet. Die Hungereuphorie läßt Probleme, über die sie bislang nicht zu sprechen wagt, erträglicher erscheinen. Sie beginnt, die Perspektivlosigkeit ihrer Hungerei zu erkennen, und faßt Vertrauen in die Klinik und die Therapeuten. Auch die Eltern machen neue Erfahrungen. Sie fühlen sich weniger verunsichert und müssen die Ärzte nicht mehr schlechtmachen (Angriff ist die beste Verteidigung). Alle erkennen einen Silberstreifen.

Katja beginnt, sich ernsthaft mit der Möglichkeit einer Behandlung auseinanderzusetzen. Diese ist aber an Bedingungen geknüpft: Einen Behandlungsvertrag soll sie abschließen. Dieser bestimmt die wöchentliche Gewichtszunahme (0,5 bis 1 kg), das Zielgewicht (Soll minus 10 %) und einige Verstärker für die Zielerreichung (Belohnungen oder Bestrafungen, je nach Sichtweise), z. B. Ruhezeiten, Ausgänge, Teilnahme an Therapien, die je nach Gewichtsentwicklung modifiziert werden. Schnell rechnet sie sich aus, für diese Behandlung müßte sie Monate in der Klinik bleiben, allenfalls hätte sie die Möglichkeit, nach dem Erreichen eines bestimmten Basisgewichtes in die sogenannte Tagesklinik zu wechseln, die ihr wenigstens die Heimkehr am Abend ermöglichte. Fluchtartig verläßt sie das Krankenhaus in einem bildlich stabilisierten körperlichen Zustand.

Drei Monate später meldet sie sich wieder, diesmal aus einer benachbarten internistischen Abteilung, wo sie nach erneuter Gewichtsabnahme als Notfall eingeliefert worden war. Mit Infusionen wird sie wieder aus der akuten Lebensgefahr gebracht. Sie ist erschrocken. Auch die Familie wurde mit der neuerlichen Lebensbedrohung konfrontiert. Die Anorexie ist eine psychische Krankheit mit einer der höchsten Sterblichkeiten: 10–20 % der Erkrankten erliegen dem Leiden, meist durch Suizid. Alle sind jetzt zur Umkehr bereit. Der Behandlungsvertrag wird unterschrieben.

Die Patientin, ihre Eltern und Geschwister treten in einen Prozeß behutsamen Nachdenkens über sich selbst, eines schrittweise geöffneten Gespräches und erster Versuche der Veränderung von unabänderlich Erscheinendem ein. Im Laufe der ersten Behandlungswochen entfaltet sich vor den beteiligten Behandlern, den Angehörigen und der Patientin das Bild einer Lebensentwicklung, in welcher das zuvor so bizarr erscheinende Eßverhalten als verstehbarer, mithin sinnvoller, wenngleich auf extreme Weise selbstschädigender Versuch der Überwindung oder wenigstens der Kontrolle unerträglich erscheinender Probleme und Konflikte imponierte.

Wir hören: Sie begann zu hungern, als sie ihrem ersten Freund gefallen wollte. Dies war nicht einfach. Einerseits war sie in ihn verliebt, andererseits erwartete er Unmögliches. Er habe sie wegen ihrer coolen und cleveren Art überschätzt. Er spottete über ihre Anhänglichkeit an zu Hause, er nannte sie zickig, weil sie im Bett kuscheln, aber nicht mit ihm schlafen wollte. Nach wenigen Wochen, sie war damals 15 Jahre alt, ging er auf und davon.

Ihre ein Jahr ältere Schwester half und tröstete. Die war in der Pubertät etwas pummelig und hatte jetzt einen Diättick.

Als angehende Krankenschwester versorgte sie Katja mit Tips und Medikamenten, z.B. Abführmitteln. Als es ernst wurde, hörte sie zwar damit auf, aber da war es schon zu spät. Heute hat sie Gewissensbisse. Katja merkte, wie alle Last und aller Kummer von ihr abfielen. Alles erschien leichter, unwichtiger, cooler. Was sie nicht mehr bemerkte, waren der fortschreitende Rückzug, die Isolation, ihre Hektik. Die Eltern beruhigte, daß Katja in der Schule auch weiter Spitzenleistungen brachte. Sie war dort weitaus leistungsfähiger als ihre beiden Schwestern, dann konnte es ja wohl so schlimm nicht sein. Dem Vater als Lehrer und der Mutter, von Beruf Sozialarbeiterin, wurde bewußt, daß die Tochter nicht mehr aus eigener Anstrengung die Magersucht überwinden konnte. Aber ihre Überzeugung, daß die Eigenverantwortung der Kinder zu respektieren sei, verbot ihnen, sich einzumischen. Sie wurden in dieser Haltung durch eigene Kindheitserfahrungen bestärkt.

Die stationäre Behandlung von Katja Schneider dauert mehrere Monate. Immer wieder kommt es zu Rückschritten. Nur allmählich wird eine positive Entwicklung erkennbar. Diese beschränkt sich nicht auf die Gewichtszunahme und das Eßverhalten. Die Patientin wird selbstbewußter. Die Familie verhält sich in den gemeinsamen Gesprächen offener und risikobereiter. Nachdem sie vier Monate in der Psychosomatischen Klinik stationär behandelt worden war und nach einer daran anschließenden zwei Jahre dauernden ambulanten Psychotherapie (ca. 80 Einzelgespräche) hatten Katja und ihre Familie einen ungestörten, unbefangenen Umgang gefunden. Die Eltern betonten, wie sehr ihnen gemeinsame Gespräche als Paar und mit ihren Töchtern geholfen hätten, die ergänzend zu Katjas Einzeltherapie angeboten worden waren. Die Patientin und ihre Schwestern führten ein Leben, wie sie es selbst für richtig und angemessen hielten, wenngleich das Essen und Hungern sowie die Beobachtung des Gewichts auch weiter besondere Bedeutung behielt.

6.2 Bulimie – Weit verbreitet, aber wenig bekannt

Die zweite Gruppe der sogenannten Eßstörungen war bis vor etwa 20 Jahren noch weitgehend unbekannt. Meist wurde sie mit der eben besprochenen Anorexie verwechselt, obgleich das Körpergewicht hier gerade nicht reduziert ist. Im Vordergrund stehen Freßanfälle, die der Krankheit (wörtlich: Stierhunger) ihren Namen gaben. Die anfallsweise kurzzeitige, unkontrollierte Aufnahme größerer Nahrungsmengen (z. B. eine Kühlschrankladung) quält und belastet. Aus Angst vor einer starken Gewichtszunahme werden Gegenmaßnahmen ergriffen, meist ein selbstinduziertes Erbrechen(Finger in den Hals), das später fast automatisch (reflektorisch) nach jedem Freßanfall erfolgt. Außerdem werden Abführmittel, Sport, Fasten und viele andere Methoden eingesetzt, um das Gewicht trotz riesiger Nahrungsmengen unter Kontrolle zu halten. Die dadurch bedingten Gewichtsschwankungen sind teilweise gewaltig. Die Patienten sind verzweifelt, voller Scham und Schuldgefühle. Sie haben Angst, daß ihre geheimgehaltenen Freßrituale entdeckt werden. Die Hauptbetroffenen sind auch hier wieder jüngere Frauen (15–35 Jahre). Bei Männern ist die Bulimie 10mal seltener. Die Bulimie ist inzwischen noch häufiger als die Anorexie. Sie wird aber oft übersehen und läßt sich auch besser verbergen als das anorektische Untergewicht.

Im Mittelpunkt steht wieder das beschädigte Selbstwertgefühl und die gestörte Impulskontrolle. Der Freßanfall schafft Erleichterung, die aber schnell von Reue und Selbsthaß wieder zunichte gemacht wird. Der Teufelskreis ist aus eigener Kraft kaum zu unterbrechen. Das Leben und das Erleben werden überwiegend vom Essen bestimmt. Freßorgien werden geplant und vorbereitet. Andere Lebensbereiche, z. B. Geselligkeiten, Freundschaften, die Familie und die Arbeit leiden, weil sie mit der Sucht kollidieren, zum Beispiel weil sie die Freßrituale stören. Für die Sucht wird viel Geld benötigt, was oft weitere Probleme mit sich zieht.

Melanie Katzer ist unglücklich, und sie sieht unglücklich aus. Im 25. Lebensjahr hat sie ihr zweites Studium geschmissen. Seitdem hockt sie tagelang in ihrer finsteren Bude, und das bißchen Geld, das ihr Servierjob einbringt, geht fast ganz für die Fresserei drauf. Die Zähne sind vom jahrelangen Erbrechen zerstört. Zum Selbstmord reicht es nicht. Was tun? Wieder zu einem Therapeuten? Sie war schon bei vielen, aber immer nur ein paar Mal. Im Frauen-Gesundheitszentrum hört sie von einer neuen Einrichtung speziell für Eßstörungen. Viel erwartet sie nicht mehr. Fünf Wochen später, nach einigen Vorgesprächen, ist sie in stationärer Behandlung.

Wie hat das Ganze angefangen? Schon vor langer Zeit, eigentlich schon immer. Fressen und Kotzen waren angesagt in ihrer Mädchenclique, die auch sonst ziemlich viel Mist baute mit Drogen und Sex. Zu Hause sah es schlimm aus. Der Vater war Alkoholiker, die Mutter verließ mit zwei kleinen Töchtern fluchtartig das Haus und schlug sich alleine durch, mehr schlecht als recht. Der Vater ist inzwischen an Leberzirrhose gestorben. Gesehen hat ihn keiner mehr. Die Oma war in Ordnung, aber die lebt schon lange nicht mehr. Der Mutter und der jüngeren Schwester geht es etwas besser, die seien richtige Spießer, aber sie selbst hat's voll erwischt.

Wo kommt die Bulimie her? Verschiedenes ist bei Melanie Katzer, wie auch sonst, zusammengekommen. Eine bis heute schwierige Entwicklung in einer schwierigen Familie. Die Clique, das, was alle taten, bahnte den Einstieg. Die Überforderung in der Pubertät, von Ablösung konnte keine Rede sein, wo doch gar nichts vorhanden war, von dem sie sich hätte lösen können. Die Folgen der zerstörten Kindheit und Jugend: Haltlosigkeit, eine in ihren Kernbereichen zerstörte Persönlichkeit (davon später) und als Ersatzbefriedigung Vergessen und Verleugnen der Probleme in der Freßdroge.

Wo setzt die Behandlung an? Melanie Katzer hat schon vieles erlebt, versucht oder erlitten. Immerhin, sie ist am Leben geblieben. Aber wo heute anfangen? Am wichtigsten wäre, den Teufelskreis von Ängsten und Depressionen, Essen und Kotzen und neuverstärktem Kummer zu durchbrechen. Dies gelingt mit Sicherheit nicht durch langatmige Problemanalysen und Ursachenforschungen, dies hat sie auf leidvolle und frustrierende Weise gelernt. Ein Behandlungsplan wird mit ihr erarbeitet. Wir sehen nun, wie die einzelnen Behandlungselemente unterschiedliche Störungsanteile beeinflussen und wie das Zusammenwirken der unterschiedlichen Komponenten den negativen Teufelskreis zu einer positiven Entwicklung wandelt. Erfolgserlebnisse verbessern die Stimmung, eine bessere Affektlage mindert den Dauerstreß. Die in dieser Weise entlastete Patientin leidet weniger unter den düsteren Erinnerungen ihrer Kindheit, sie gewinnt neue Lebensaussichten und neuen Lebensmut, und sie kann so den alltäglichen Erwartungen von Beruf, Freunden und Familie gelassener und konstruktiver begegnen. Wichtig ist, daß sie selbst, ihr Umfeld und vor allem auch die Therapeuten darauf eingestellt sind, daß diese Entwicklung nicht vom ersten Tag an geradlinig voranschreitet. Rückschritte, Krisen, ja sogar Verschlimmerungen der Beschwerden, Verschlechterung der Stimmung, Zweifel am Gelingen der Entwicklung sind unvermeidbar. Hauptsache die ganze Richtung stimmt.

Im einzelnen stellen sich die Behandlungsschritte wie folgt dar: Die kognitive Verhaltenstherapie soll die Denk- und Verhaltensmuster verändern. Dazu werden der Patientin Informationen über die Art und die Entstehung der Bulimie gegeben. Einiges ist ihr neu, z. B. daß das Zusammenreißen, sich Bestrafen allein nicht hilft, daß sie sich eher belohnen muß, daß sie eher Erfolgserlebnisse braucht und daß ihr ganzes Leben nicht nur aus Eßstörungen besteht, wenngleich sie es inzwischen so empfindet.

Jetzt gewinnen die Einzelgespräche eine entwicklungsbestimmende Bedeutung. Jetzt zahlt es sich aus, daß sie von einer weiblichen Therapeutin behandelt wird, daß sie zu dieser inzwischen großes Vertrauen gewonnen hat und daß diese nicht allein bei den Essensplänen, den Tagebüchern und den Übungen verharrt.

Der Behandlungsfokus verschiebt sich nach der ersten verhaltenstherapeutischen (symptom- und eßverhaltenszentrierten) Phase zu den inneren Konflikten, den unbewältigten Traumata und Widersprüchen (Ambivalenzen). In der von nun an eher psychodynamisch ausgerichteten Therapie erlebt sie nicht nur, daß sie auch über schlimme Erinnerungen sprechen kann. Sie erlebt, wie sich das Bild ihrer Therapeutin in dieser Zeit immer wieder verzerrt. Winzige Unstimmigkeiten erschüttern das Vertrauen. Sie erfährt außerdem, wie Versuche, diese Wahrnehmungen als Übertragungen, als wiederaufgelebte frühere Kindheitserfahrungen zu deuten, z.B. als Enttäuschung über die Mutter, die sie dem Vater auslieferte, wie diese Versuche der Übertragungsanalyse heftige Widerstände in ihr wekken: „Ich habe mir das doch nicht ausgedacht ... soll ich jetzt noch selber schuld sein, daß mich der Vater vergewaltigt hat ... Sie sind auch nicht besser, Sie haben überhaupt nichts verstanden." Jetzt heißt es Ruhe zu bewahren. Jetzt wird das Vertrauen auf die Probe gestellt. Hält die Therapeutin die heftigen, maßlosen Angriffe aus? Jetzt kann Supervision helfen, die eigenen Gegenübertragungen zu verstehen. Die Behandlungsprobe wird von beiden mit Bravour bestanden. Die Therapeutin bleibt gelassen und zugewandt. Sie läßt sich nicht zu Rechtfertigungen oder Beschwichtigungen hinreißen. Die Patientin erlebt, daß alte schlimme Gefühle und Gedanken ihrer Kindheit durch bestimmte Erlebnisse wiedergeweckt (reaktualisiert) werden. Die Heftigkeit dieser erinnerten Gefühle steht in nichts der früher erfahrenen Hilflosigkeit, Hoffnungslosigkeit, ohnmächtigen Wut und Scham nach. Aber sie erfährt auch, daß ein „inneres Kind" leidet, welches die erwachsene Frau trösten, pflegen und schützen kann. Diese Einsicht hat sprungartig ihr düsteres Weltbild erschüttert. Sie lernt zu unterscheiden zwischen nichtigen Anlässen, denen sie aufgrund ihrer Erfahrung und Kompetenz sehr gut begegnen kann, und den Ursprüngen ihrer Kindheit, die sie niemals vergessen, verdrängen oder beschönigen wird, mit denen sie aber leben kann als Narben und Spuren eines früheren entsetzlichen, von ihr aber zum Guten gewendeten Lebens.

Jetzt, am Ende des ersten Behandlungsjahres, beginnt sie auch ihre Mutter und ihre Schwester, zu denen sie den Kontakt abgebrochen hatte, anders zu sehen. Sie ist bereit und in der Lage, auch deren Schicksal als Opfer-Täter anzuerkennen. Sie ist bereit, in deren häßlichem und verletzendem Verhalten den Überlebensversuch wenigstens zu erkennen, wenn schon nicht zu verstehen oder gar zu verzeihen. Sie willigt in ein Familiengespräch mit Mutter und Schwester ein. In dieser teilweise sehr dramatisch verlaufenden Begegnung, die von der Therapeutin einfühlsam, aber mit fester Hand in konstruktiven Bahnen gehalten wird, erlebt sie zum ersten Mal seit langer Zeit Verbundenheit und Wärme im Verhältnis zur Mutter. Die über 70jährige bittet sie gewissermaßen um Verzeihung: „Wenn ich doch die Zeit zurückdrehen könnte." Die Schwester bleibt in konventioneller Erstarrung: „Man muß die alten Geschichten doch mal vergessen ... Du warst auch kein Engel ... Warte bis du eigene Kinder hast." Von der ist nichts zu wollen. Melanie kann das Unveränderbare betrauern und akzeptieren.

Noch ein weiteres Jahr sucht sie ihre Therapeutin wöchentlich auf. Nach ca. 80 Gesprächen ist die innere und äußere Entwicklung unübersehbar. Die Aussicht auf ein doch noch zufriedenstellendes Leben erscheint nicht mehr unbegründet, wenngleich dieses Leben von Kindheitsschicksalen überschattet und von einer lebenslangen Anfälligkeit für Eßstörungen eingeschränkt bleiben wird.

6.3 Alle Dicken zum Therapeuten?

Wir hörten es eingangs schon. Das Essen ist in hohem Maße kultur- und gesellschaftsbestimmt, und unsere westliche Kultur ist seit dem letzten Krieg von Überfluß und unbegrenztem Nahrungsangebot geprägt. Was haben die Menschen daraus gemacht? Sie haben „gefressen". Und was haben sie gegessen? Gerade das, was fett macht, nämlich Fett. Dessen Anteil an der Nahrung liegt inzwischen im Mittel bei 40 %. Empfohlen werden höchstens 30 %. Dieser statistische Mittelwert streut erheblich, und die Dicken kommen auf durchschnittlich 50 % Fett in der Nahrung, und dazu kommt, wie jedermann weiß, daß das Risiko, fett zu werden, nicht für alle Menschen gleich ist. Es gibt sie wirklich, die guten und die schlechten „Kostverwerter".

Wie alle Körperstörungen hat die Adipositas auch einen vererbten Anteil. Es gibt einen erst vor wenigen Jahren entdeckten Botenstoff Leptin, der den zentralen Orten der Gewichtsregulation, der inneren Waage, dem Lipostaten, den Füllungszustand der Fettspeicher signalisiert und sowohl den Hunger weckt oder dämpft, als auch den Energieverbrauch anheizt oder reduziert. Die dritte Komponente, die neben den angeborenen Regulationen und dem Eßverhalten das Körpergewicht bestimmt, ist die körperliche Aktivität, wobei die Körperleistung und die dafür eingesetzte Energie (Kalorien) bestimmend sind. D. h., zum einen bewegen sich viele Menschen in unserer Gesellschaft zu wenig, und andererseits gibt es Menschen, die die gleiche Leistung mit viel weniger Energieeinsatz erbringen.

Zusammenfassend wirken also die Erbanlagen (Genotyp) und die Umwelt (Eßverhalten, Nahrungsfett, Bewegung) zusammen, wobei eine Einflußnahme derzeit nur bei den Umweltfaktoren möglich ist, um über veränderte Einstellungen und Verhaltensweisen eine angemessene Fettaufnahme und einen angemessenen Kalorienverbrauch zu erreichen. Um von einem krankhaften, gesundheitsschädigenden Übergewicht zu sprechen, wird wiederum der Body-Mass-Index (BMI) bestimmt: Körpergewicht in Kilogramm geteilt durch Körpergröße in Metern zum Quadrat. Als normalgewichtig gilt ein Wert zwischen BMI 20 und 25. Extremes Übergewicht (Grad 3) beginnt über BMI 40.

Die Adipositasbehandlung hat Konjunktur. Weil Medikamente oder Operationen nur unsichere und vorübergehende Wirkung haben, stehen psychologische Methoden, Versuche, das Eßverhalten dauerhaft zu verändern, im Mittelpunkt der therapeutischen Bemühungen. Das menschliche Eßverhalten ist jedoch, wenn es einmal festgelegt wurde, außerordentlich stark gegen verändernde Einflüsse abgeschirmt. Gegenregulationen und Schutzmechanismen bewirken zum Beispiel nach einer Gewichtsabnahme durch Fasten das Gegenteil des Erwünschten. Für den Übergewichtigen, der unter den Folgen seiner Freßsucht leidet, steht heute eine Kombinationsbehandlung zur

Verfügung: 1. Verminderung des Fettanteils in der Nahrung, 2. flexible und andauernde Einübung eines veränderten Eßverhaltens und 3. angemessene körperliche Bewegung. Diese Strategien stehen jedem offen, der die gesundheitlichen, psychischen und sozialen Schäden der Adipositas mindern will. Ähnlich wie beim Zigarettenrauchen steht am Anfang also eine Lebensentscheidung, die angebotenen Hilfen zu nutzen oder nicht. Diese Entscheidung ist vom Betroffenen ganz persönlich zu treffen und zu verantworten. Sie läßt sich niemandem abnehmen. Völlig obsolet, meist sogar schädlich, sind alle Blitz-, Wunder- oder Fastenkuren. Formeldiäten sind für den Behandlungseinstieg bei schwerer Adipositas unumgänglich. Operative Eingriffe im Magen-Darm-Trakt (z. B. Gastricbanding) sind nur bei hoffnungslosen Fällen angezeigt. Das Fettabsaugen ist ein kosmetischer Eingriff wie das Facelifting oder die Brustveränderung, der jedem in unserer Gesellschaft freisteht. Medikamente werden in absehbarer Zeit keinen Ersatz für die oben genannten drei Prinzipien bieten. Auch die neuen, die Fettaufnahme im Darm blockierenden Mittel haben schwerwiegende Nebenwirkungen (Durchfall, Krämpfe, Fettstühle), so daß sie wohl kaum eine Massenverbreitung erleben werden.

So weit, so gut. Die Dicken sollten ruhig bleiben und in sich gehen und sich, wenn nötig, auf einen lebenslangen Kampf einstellen. Hilfe ist im Rahmen inzwischen sehr guter Präventions- und Gewichtsregulationsprogramme, die von fast allen Krankenkassen angeboten werden, möglich. Zum Psychotherapeuten muß deshalb noch keiner gehen.

Dies gilt jedoch nicht für eine große, ca. 20–30%ige Sondergruppe Übergewichtiger, die an einer psychischen Krankheit leiden, die in die gleiche Reihe der Eßstörungen wie die Anorexie und die Bulimie gehört. Für diese erst 1994 in die internationalen Klassifikationen (DSM-IV) aufgenommene Störung gibt es zunächst nur die englische Bezeichnung *Binge-Eating-Disorder* (deutsch: Freßanfälle). Sie ist der Bulimie verwandt, weil auch hier die anfallsweise unkontrollierte Vertilgung großer Nahrungsmengen im Vordergrund steht, jedoch fehlen die

Gegenregulationen, welche das Gewicht trotz hoher Kalorienzufuhr konstant halten. Es kommt also nicht zum Erbrechen, es werden keine Abführmittel genommen, und damit steigt das Gewicht massiv an. Die Patienten leiden unter diesem Zustand, sie ekeln sich, und sie haben Schuld- und Schlechtigkeitsgefühle. Binge-Eaters haben im Vergleich zu den übrigen Adipösen schwere psychische Störungen. Diese können schon vor der Erkrankung bestehen, und sie werden durch die Erkrankung selbst erheblich verschärft, und dies sind vor allem Depressionen.

Ein 45jähriger Anwalt hatte große Probleme in seiner Kanzlei. Die Anwaltskammer hatte sich schon eingeschaltet. Er fühlte sich ungerecht behandelt und als Opfer einer Intrige. Es ging um viel Geld, die Vorwürfe bedrohten seine Existenz. Er suchte einen Therapeuten auf, nachdem Freßanfälle auftraten. Wenn der Streß unerträglich wurde, besorgte er sich beim nächstgelegenen Abholdienst zwei oder drei große Pizzen, die er noch im Auto sitzend allein verschlang. Dieser Zwang wurde unbeherrschbar. Anschließend war ihm zum Heulen zumute, und er machte sich heftige Vorwürfe. Das Problem entwickelte sich über mehrere Monate hinweg. Die Freßanfälle hatten sich auf 3–4 pro Woche gesteigert. Er wiegt inzwischen 98 kg bei 1,78 m Körpergröße (BMI 31). Niemand weiß von seinem Elend. Seine Partnerin, eine schlanke bio-fitneßorientierte Geschäftsfrau, ist über seine Gewichtszunahme entsetzt. Er schiebt alles auf den Streß. Kinder haben sie keine.

Sein bisheriges Leben vor der Problematik: Er ist das zweite von fünf Kindern. Seine Eltern sind Überlebende des Holocaust. Seine Familie ist wirtschaftlich sehr erfolgreich und betreibt Geschäfte, die die ganze Welt umspannen. Der familiäre Zusammenhalt sei sehr hoch, allerdings wurden die Kinder zur frühen Selbständigkeit erzogen. Er kam mit zehn Jahren in ein Internat. Jeder wußte dort vom Schicksal seiner Eltern, gesprochen wurde darüber nicht. Das Essen sei bereits früh sehr wichtig für ihn geworden: Die Familienessen, das Verschlingen der Freßpakete im Internat als Trost gegen Heimweh. Schon im

12. Lebensjahr konnte er einen ganzen Paketinhalt auf einen Schlag verputzen. Irgendwann wurde das Essen zur Ersatzbefriedigung, wie eine Droge.

Was tun? Die bisher von fast allen Binge-Eaters erprobten Programme zur Gewichtsreduktion halfen kurzfristig, das Gewicht zu verringern. Aber sonst änderte sich nichts. Die Freßanfälle hielten an, und das Gewicht stieg unaufhaltsam. Unberücksichtigt blieben die Eßattacken, der Kontrollverlust, die Schwierigkeiten der Spannungs- und Frustrationsregulierung und die Selbstwertprobleme.

Wirksam war später, wie bei etwa der Hälfte der Binge-Eating-Disorder-Patienten, ein Kombinationsprogramm, wie wir es schon bei den anderen Eßstörungen (Anorexie und Bulimie) kennengelernt haben: Verhaltenstherapie zur Veränderung des Eßverhaltens durch Tagebücher (wann, wo, wieviel, was), Kontrolle der auslösenden Ereignisse, z.B. Unterscheidung von Hunger und Frust, Erschweren des Zugangs zur Nahrung, Notfallrationen (z.B. eine Möhre, einen Apfel), Kontrolle des Essens (langsames Essen, Zählen der Bissen und des Kauens, Pausen, Konzentration auf das Essen, Wahrnehmen der Wärme und der Füllung des Magens), Verstärkung durch Belohnungen. Der Patient erlernte eine einfache Entspannungstechnik (Progressive Muskelrelaxation nach Jacobson), die anstelle der Freßattacken eingesetzt werden konnte. Ein Umdenken setzte ein. Die positive Umdeutung negativer Erwartungen (ich werde es diesmal schaffen, aber ich brauche Zeit und Ruhe) überzeugte ihn nach und nach.

Schon bald tauchten andere Themen auf, das Essen wurde weniger wichtig. Wie er sich in das berufliche Dilemma hineinmanövriert hatte und vor allem, wie er da wieder herauskommen konnte, die nahezu gescheiterte Ehe. Kindererinnerungen stiegen auf. Er beschäftigte sich wieder mehr mit seiner Familie.

Neben solchen psychodynamischen Entwicklungen kamen auch familientherapeutische Ansätze zum Tragen. Ein gemeinsames Gespräch mit seiner Frau, später auch mit seinen Geschwistern, half bei der Bewältigung der schweren Kindheitserfahrungen. Nach eineinhalb Jahren war das Schlimmste überstanden. Der Patient entschloß sich nun zu einer grundlegenden Bearbeitung seines Lebensschicksals, zu einer Neuorientierung und zu einer Veränderung der festgefahrenen Anteile seines Lebens und seiner Persönlichkeit. Er nahm eine mehrjährige, hochfrequente (dreimal wöchentlich) Psychoanalyse auf, die ihm endlich den so lang ersehnten Neuanfang, die Überwindung des Kindheitstraumas, des schweren Schicksals seiner gesamten Familie ermöglichte.

7. Schwere Persönlichkeitsstörungen

Wir kommen jetzt nach den Neurosen, den somatoformen Krankheiten und den Eßstörungen zu unserem vierten und letzten Anwendungsbeispiel, der Psychotherapie der schweren Persönlichkeitsstörungen. Hier geht es weniger um isolierte Symptombildungen als vielmehr um die Summe der Eigenschaften, die als Persönlichkeitsstruktur eines Menschen erscheint. Damit eröffnen wir ein schwieriges und besonders kontroverses Kapital heutiger Psychotherapie. Was ist normal? Haben wir das Recht und die Mittel, in die Persönlichkeit eines Menschen einzugreifen, der sich selbst gar nicht ändern will, der, wenn er überhaupt leidet, anderen Menschen, der Umwelt, der Gesellschaft die Schuld an seinem Unglück gibt?

7.1 Außergewöhnlich oder gestört?

Die persona (lat.) ist die Maske, die ein Schauspieler im antiken Theater trägt, um seine Rolle zu kennzeichnen. Die Persönlichkeit eines Menschen ist die Summe der Eigenschaften, die ihm seine eigene unverwechselbare Wesensart, seine Individualität geben. Die Persönlichkeit ist nicht starr. Sie entwickelt sich im Laufe des Lebens bis ins Alter. Und sie kann je nach Kontext in unterschiedlichen Kulturen, im jeweiligen gesellschaftlichen Rahmen, in einer bestimmten Lebenssituation sehr unterschiedlich wirken. Die Persönlichkeit ist das Ergebnis einer Summe von Entscheidungen, die ein Mensch in Auseinandersetzung mit seinen Anlagen, etwa seinem Temperament, und mit seinen Entwicklungserfahrungen, etwa der Kindheit, und mit seinem Umfeld, v. a. seiner Familie, trifft. Es entwickeln sich Stereotype und Schemata des Verhaltens, des Erlebens und der Beurteilung, die nicht ständig neu erfunden werden, die aber auch nicht unverrückbar sind. Wir unterscheiden von der Persönlichkeit den Charakter (gr/lat.: eingekerbtes Schriftzeichen), der eher die moralischen Eigenschaften, etwa die Tugenden, einer Persönlichkeit bezeichnet.

Je nach Kultur, Gesellschaft und historischer Entwicklung wird der Persönlichkeit des Menschen ein mehr oder weniger großer Entfaltungsraum zugestanden. Die westliche moderne Gesellschaft verlangt eine größtmögliche Individualität. Die Achtung der Eigenverantwortung, der Autonomie des mündigen, selbstbewußten Menschen ist ein Grundwert, der in den westeuropäischen Ländern auch in seinen moralischen Anteilen stark erweitert wurde. Die Möglichkeiten, aber auch die Zwänge zur Gestaltung des eigenen Lebens sind groß. Das moderne Menschenbild hat die Idealvorstellungen der abendländischen Antike und der europäischen Aufklärung noch einmal gewandelt bis zum wilden „anything goes". Um so schwerer fällt heute die Ab- oder Ausgrenzung abnormer, schwerwiegend gestörter Persönlichkeitsentwicklungen. Entscheidend ist nicht mehr allein der Lebensstil, die Ausdrucksform eines Menschen, ob er z. B. in einer gleichgeschlechtlichen Partnerschaft lebt, ungewöhnliche sexuelle Praktiken ausübt, den Wunsch nach einer geregelten Arbeit hat, sich ungewöhnlich kleidet oder benimmt, sondern das Leiden, das er sich oder anderen zufügt. Hier nimmt sich auch die moderne Gesellschaft das Recht, einen Menschen angesichts schwerwiegender Selbstbeschädigungen durch Selbstverletzung, Hungern oder Selbstmord oder angesichts von Angriffen gegen andere in Form von körperlicher Gewalt, Vergewaltigung, massiver Grenzüberschreitungen, einzuschränken.

In den psychiatrischen Klassifikationen (ICD-10 u. DSM-IV)

sprechen wir von Persönlichkeitsstörungen bei stereotypen, ständig auftretenden, viele Bereiche des Lebens beeinträchtigenden und lange Zeit anhaltenden Verhaltens- und Erlebensweisen, unter denen der Mensch selbst oder unter denen andere Menschen schwerwiegend leiden. Deren Entstehung wird aus dem Zusammenwirken von Erbanlagen, Entwicklungserfahrungen und Lebensentscheidungen erklärt. Die gestörten Persönlichkeitszüge treten unter Belastungen und in bestimmten Lebensabschnitten besonders deutlich hervor. In ruhigeren Zeiten, unter günstigen Lebensumständen, kann eine Störung in den Hintergrund treten.

In der heutigen Nomenklatur werden drei Hauptgruppen von schweren Persönlichkeitsstörungen unterschieden, die jeweils sehr unterschiedliche Erscheinungsbilder haben und die für den Patienten und dessen Behandlung ganz unterschiedliche Probleme aufwerfen:

1. Die eigentümliche und exzentrische Persönlichkeit, insbesondere die Paranoia
2. Die dramatische und verwirrte Persönlichkeit, z. B. die Borderline-Störung
3. Die angespannte, furchtsame und abhängige Persönlichkeit, wie der Zwangscharakter.

Wir werden diese nun an Beispielen durchsprechen und am Ende noch einige allgemeine Hinweise zur Behandlung schwerer Persönlichkeitsstörungen geben.

7.2 Exzentrisch oder paranoid?

Dies ist die Urform der gestörten Persönlichkeit, welche auch die Schriftsteller und Filmemacher bis heute am meisten beschäftigt. Ist ein Mensch genial oder wahnsinnig, ist ein Politiker, Vorgesetzter oder Dauerkläger machtbesessen, ekelhaft oder starrsinnig, oder liegt eine nicht-psychotische wahnhafte Verkennung der eigenen und der fremden Person vor?

E. T. ist Leiter einer großen Schule. Er hat sehr unterschiedliche Seiten. Im Privaten, wenn man ihm gewogen ist, vor allem wenn er im Mittelpunkt steht und bewundert wird, gilt er als charmant, gesellig, unterhaltsam. Er verfügt über Verstand, Humor und Beredsamkeit, über alles, was man sich wünscht. Seine Vorgesetzten haben über seine Karriere stets positiv entschieden. Andere wissen anderes zu berichten. Wenn die Lichter verlöschen, wenn das Publikum gegangen ist, wenn es nicht mehr darauf ankommt, zeigt er seine üble Seite. Überempfindlich und mißtrauisch erleben ihn seine Frau und der Sohn. Solange die beiden zu seinem Glanze beitragen (sie ist sehr attraktiv, der Sohn ist ein erfolgreicher Sportler), ist alles gut.

E. T. tritt in seiner Familie wenig in Erscheinung. Der Beruf und seine vielen Ämter und Aufgaben lassen kaum Zeit und Energie. Er hat noch weiterreichende Ambitionen. In der Schule führt er ein Schreckensregiment. Mißtrauisch, kontrollierend, intrigierend spaltet er sein Kollegium in eine Leibgarde und einen „Haufen von Idioten". Angst haben alle. Widerspruch wird nicht geduldet, wer die Kreise stört, wird unnachsichtig verfolgt. Bei den Vorgesetzten, im Schulamt und im Ministerium versteht er, sich in ein günstiges Licht zu setzen. Immer sind die anderen schuld. Er ist das Opfer seiner Neider, eben weil er so engagiert und so tüchtig ist, nur weil er seinen Laden in Schuß hält, weil er den üblichen Schlendrian verhindert. Auch Schüler applaudieren ihm. Er versteht zu spalten, Kritiker lächerlich zu machen, Unbequeme zu opfern. Er trägt reichlich zur Unterhaltung bei. Heftige Ablehnung, die ihm teilweise entgegenschlägt, deutet er in seinem Sinne positiv um: Nur schwache Typen haben keine Feinde. Engagierte und sensible Menschen ziehen sich resigniert von seinem Schlachtfeld zurück. Überangepaßte, Unterwürfige und Opportunisten gewinnen die Mehrheit. Die Schule wird zum Vorzeigeobjekt, jedoch zu seiner Betrübnis bleibt die eigene Karriere hinter dem Erwarteten zurück. E. T. gilt als zu schwierig, um in weiterreichende Verantwortung gesetzt zu werden. Dies kränkt und macht ihn bitterer.

Soweit hören wir eine ganz alltägliche Geschichte. Ein ehrgeiziger und egozentrischer Mensch macht seinen Weg. Sein Mißtrauen, seine Empfindlichkeit und seine Verfolgungswut helfen ihm, menschliche Hindernisse aus dem Weg zu räumen.

Dazu kommt seine überragende Intelligenz, eine blitzschnelle Auffassungs- und Kombinationsgabe. Bewunderung und Erfolg sind seine Lebenselixiere. Für diesen Stoff geht er über Leichen. Wenn es um die Macht geht, ist ihm keine Schweinerei zu gemein, und wenn es sein muß, wenn es für ihn von Vorteil ist, dann wird der gestern verachtete Feind heute umarmt und umschwärmt – mir geht es doch nur darum, den Schülern den bestmöglichen Unterricht zu bieten –, bis sich eine Gelegenheit für einen neuen Vernichtungsschlag bietet. Aber deshalb den Chef zum Psychiater schicken? Um Himmels willen! So etwas hat es nur in totalitären Zeiten gegeben, unliebsame Widersacher zu psychiatrisieren, für verrückt zu erklären.

Schließlich bekommt die Geschichte eine unerwartete Wendung: Ein verregnetes Schulfest wird auch finanziell zum Fiasko. Dem Konrektor, bislang aus allen Planungen herausgehalten, werden wieder einmal absurde Vorwürfe gemacht. Ihm wird als Nachspiel ein Disziplinarverfahren angedroht. Ein Handwerker beschwert sich, weil er angesichts einer geringfügigen Terminüberschreitung und unwesentlicher Mängel vom Rektor aus der Schule geworfen wurde. Ein Polizeibeamter zeigt an, daß bei einer Routineverkehrskontrolle die Personalpapiere erst nach einer regen Rangelei herausgegeben wurden. Der Rektor einer benachbarten Schule berichtet, daß E. T. von ihm verlangte, die Beförderung einer Lehrerin, die an seine Schule gewechselt hatte, zu verhindern, da diese völlig unfähig und illoyal sei, und als dies nicht gelang, wurde ihm in einem wilden Brief die Abwerbung dieser gerade noch Geschmähten vorgeworfen.

Ein Gespräch im Oberschulamt nimmt einen tragischen Verlauf. Der nun schon merklich belastete E. T. hat sein altes Charisma, seine großspurige Beredsamkeit und lamoryante Überzeugungskraft spürbar eingebüßt. Bleich und angespannt, kann er seine Angst kaum verbergen. In einem kaum zu steuernden Redeschwall spult er in unendlichen Details und gewaltig übertreibend seine Versionen der Ereignisse ab. Voluminöse Akten, Dokumente und Stellungnahmen sollen vor allem eines klarstellen: schuld sind immer die anderen. In befremdlicher Weise entwickelt er ein kompliziertes Szenario, das ihn als Opfer einer Verschwörung alter 68er zeigen soll. Deren einziges Ziel sei, ihn als Speerspitze einer wertkonservativen Pädagogik zu vernichten. Das Gesprächsergebnis: Die Untersuchung seiner Dienstfähigkeit durch den Amtsarzt wird angeordnet. E. T. rast vor Angst und vor Wut. Das Schulamt wird zum Komplizen der gegen ihn betriebenen Kampagne. Dem Amtsarzt wird das Recht zur Untersuchung bestritten. Er wird sich beim Verfassungsgericht oder beim Europäischen Gerichtshof beschweren. Der drohenden Amtsenthebung kommt er durch eine Krankmeldung zuvor.

Unter dem wachsenden Druck der Konflikte ist aus dem schwierigen und ehrgeizigen Schulleiter ein Patient mit einer paranoiden Persönlichkeitsstörung geworden. Ein brüchiges, instabiles Selbstbewußtsein hatte ein Leben in ständiger Angst vor der Niederlage zur Folge. Dem wird über Jahre durch die Belastung, Beschuldigung und Verfolgung anderer Menschen begegnet. Durch den Einsatz primitiver Abwehrmechanismen, vor allem der Projektion (schuld sind die anderen) und der Spaltung (gut oder böse, Ambivalenz wird nicht ertragen) ist er weit gekommen. Innere Leere und Haltlosigkeit werden durch ein umfassendes, alles erklärendes, Rückhalt und Unterstützung bietendes Wahnsystem (die Verschwörung der 68er) ausgeglichen. Die Gefolgschaft, die verschworene Gemeinschaft ersetzten vertrauenswürdige menschliche Beziehungen. Die Frau und der Sohn sind Mittel zum Zwecke der Selbstbestätigung. Eine vertrauenswürdige Wärme und Geborgenheit spendende Familie konnte so nicht wachsen.

Die Vorgeschichte bleibt im dunkeln. Die Ehefrau macht Andeutungen, ihr Mann habe eine schwierige Kindheit gehabt. Er sei von seinem sadistischen Vater viel geschlagen und gequält worden.

Psychotherapie? Ein Witz! Kurzzeitig begibt sich E. T. nach dem Zusammenbruch in nervenärztliche Behandlung. Medikamente helfen, die Krise zu überwinden. Nach der vorzeitigen Versetzung in den Ruhestand findet er Anschluß an eine stramm antikommunistische Politsekte, die ihn als Helden und

Märtyrer feiert: Der lebende Beweis für die fortwirkende Macht und Gefährlichkeit der APO (Außerparlamentarische Opposition der späten 60er Jahre). Seine Frau hat sich von ihm getrennt. Der Sohn hat ihn enttäuscht. Eine neue Partnerin bewundert ihn vorübergehend.

Wir verlassen die Paranoia und kommen zu einer zweiten großen Gruppe von Persönlichkeitsstörungen, bei der die psychotherapeutischen Entwicklungen der letzten Jahre spürbare und sichtbare Fortschritte erzielt haben.

7.3 Jähzorn oder Borderline?

In dieser Gruppe von Persönlichkeitsstörungen sind weniger die Realitätsbezüge als die Kontrolle der Impulse und der Ausdruck der Affekte beeinträchtigt. Diese Menschen erscheinen als äußerst instabil und labil. Von Kleinigkeiten, einem schiefen Ausdruck, einer unbedachten Äußerung, können sie in äußerste Erregung versetzt werden. Sie werden dann auch handgreiflich. Wenn sie völlig durchdrehen, sind sie gefährlich. Sie ziehen sich schnell zurück, und wenn sie allein sind, wird es für sie unerträglich. Sie fühlen sich verlassen, ohne Hoffnung. Trauer und Wut steigern sich bis zur Verzweiflung. Wenn sie nicht losrennen, sich in ein Beziehungsabenteuer stürzen (Sexualität für Liebe), sich mit Drogen betäuben oder gewaltig fressen, saufen, kotzen, irgendwie sich abreagieren, dann wird es brisant. Sie schneiden, ätzen, brennen sich selbst oder versuchen sich das Leben zu nehmen, um der Qual zu entrinnen.

Allgemeine Krankenhäuser und psychiatrische Kliniken sind die Rettungshäfen, in denen eine Beruhigung stattfindet, bis wieder die nächste unsichere Reise eines instabilen Ichs in ein bedrohliches Leben gewagt wird. Manche Zeiten und manche Lebensbereiche, z. B. die Arbeit, sind unbeeinträchtigt oder werden sogar erfolgreich gestaltet. In anderen Bereichen herrschen Chaos und Elend. Diese Menschen sind Grenzgänger, immer in Gefahr abzustürzen und immer voller Hoffnung auf ein zufriedenstellendes Leben – deshalb der Name *Borderline-Störung*.

„Tanja, was hast du, was ist los? Mach doch endlich auf!" Zum wiederholten Male schlägt die Mutter an die Tür ihrer 22jährigen Tochter. Diesmal hat sie Erfolg. Der Spalt öffnet sich ein wenig. Energisch dringt sie ein, um sogleich zu erstarren. Die Tochter sieht aus wie eine Wahnsinnige, wirr und bleich, das Kleid zerfetzt, die Arme blutig mit tiefen Schnitten. Sie hat versucht, sich das Leben zu nehmen. Der Notarzt verfügt die Einweisung in eine psychiatrische Klinik gegen den Widerstand der Mutter und ihrer Tochter, auch der inzwischen herbeigerufene Stiefvater ist skeptisch, er will keinen Skandal.

Nachdem Tanja sich unter der Wirkung sogenannter Neuroleptika (Medikamente, die bei Psychosen eine beruhigende und klärende Wirkung haben) innerhalb weniger Tage beruhigt hat, erfährt der Stationsarzt in einem anfangs etwas zögerlichen, bald sehr offenen und intensiven Gespräch Teile einer Leidensgeschichte, die sich zum Bild einer schweren Persönlichkeitsstörung vom oben skizzierten Borderline-Typ fügen. Diese ist für viele Schicksale unserer Zeit charakteristisch: Heirat ihrer jungen Eltern gegen Ende der Schwangerschaft. Krippe, Betreuung des kleinen Kindes durch die Oma und andere Personen im wilden Wechsel. Die Eltern trinken und streiten viel. Gewalt und Vergewaltigung, deren Zeugin Tanja von klein auf war. Nach der frühen Scheidung ihrer Eltern bleibt sie bei der Mutter. Die sehr attraktive und lebensdurstige Frau hatte häufig wechselnde Liebhaber. Sie konnte nie allein sein. Von den Männern wurde sie mehr ausgenutzt oder ausgehalten, als daß sie oder ihre kleine Tochter Ruhe und Geborgenheit fanden. Das Jugendamt wurde aufmerksam. Die Tochter Tanja kam im 5. Lebensjahr zum ersten Mal ins Heim. Später kehrte sie noch mehrmals dorthin zurück. Sie gilt als schwer erziehbar. Wie durch ein Wunder lernt die Mutter einen liebevollen und ehrlichen Mann kennen. Sie bekommt von ihm zwei weitere Kinder. Tanja fühlt sich überflüssig, als fünftes Rad, und sie verhält sich auch so. Sie ist eine Außenseiterin in ihrer Familie wie in der Schule, die sie ohne Abschluß abbricht. Sie hängt rum. Sie nimmt verschiedene Drogen und hat verschiedene Beziehungen. Zweimal ist sie vergewaltigt worden. Zuhause ist sie rausgeflogen. Ausbildungen zur Friseuse oder zur Verkäuferin sind gescheitert. Jedesmal bekam sie Krach mit den Chefs, der Kundschaft und den Kollegen. Inzwischen interessiert sie der ganze Scheiß nicht mehr. Wenn sie Geld braucht, geht sie auf den Strich.

In der Klinik wiederholt sich das Drama. Nach drei Wochen wird sie wegen vieler Regelverstöße rausgeworfen. Für eine ambulante Behandlung fehlen die Voraussetzungen. Ihr weiteres Schicksal ist unbekannt. Drogenabhängigkeit, Prostitution, Kriminalität oder Suizid sind die wahrscheinlichsten Aussichten. Oft mißlingt der Versuch, auch nur Ansätze einer als vertrauenswürdig und hilfreich empfundenen therapeutischen Beziehung herzustellen. Das Leben scheitert nach bürgerlichen Maßstäben, wenn es nicht durch Selbstmord, Drogen, Gewalt oder Krankheit vorzeitig endet.

Wir wissen heute von den Möglichkeiten einer sehr langdauernden und sehr aufwendigen, an die Person und die Fähigkeiten des Therapeuten große Anforderungen stellenden Behandlung der Borderline-Störungen. Aber wir wissen auch, daß diese oft schon im Vorfeld scheitert, weil weder der Patient noch das Umfeld die Kraft, Einsicht und Entschlossenheit aufbringen, die nötig sind, um mit therapeutischer Hilfe ein Leben von der Grenze des Abgrunds wieder zurückzuholen.

7.4 Angst und Abhängigkeit

Nach den Bizarren und den Verzweifelten nun die letzte große Gruppe der in ihrer Persönlichkeit Gestörten: Die bei jedem Schicksalshauch schwankenden, ängstlichen, haltsuchenden, verschüchterten und zurückgezogenen Charaktere. Auch bei ihnen gehört die Psychotherapie nicht zu den bevorzugten Lösungsstrategien. Auch hier kommt ein professioneller Kontakt meist durch äußere Umstände, etwa auf Initiative Dritter, zustande.

Jürgen W. wächst in einer sehr engen Welt auf. Er war das einzige Kind von Eltern, die sich in einer fundamental christlichen

Sekte kennengelernt hatten, welche auch fortan ihr Leben bestimmte. So lernte er von klein auf eine starre Gemeinschaft Gleichgesinnter kennen, die ein sehr strenges Christentum lebten. Die Bibel und deren Gebote gaben dem Leben Sinn und Bestimmung und am Ende lockte das ewige paradiesische Leben, das denjenigen offenstand, die sich in ihrem irdischen Leben nichts hatten zuschulden kommen lassen. Den weltlichen, teuflischen Versuchungen nachzugeben, wurde mit ewiger höllischer Verdammnis bestraft. Solch Kinderglaube stiftete in dem kindlichen Gemüt erhebliche Verwirrung. Die Mutter wurde um Schutz und Trost angebettelt, der alttestamentarische Vater trieb dem Bengel mit unbarmherziger Strenge alle Flausen aus dem Kopf. Die Beichte seiner täglichen kleinen Sünden war unausweichlich. Vorlaute Widerreden, lästerliche Ausdrucksweisen, Lügen oder Stehlen, die anschließende Bestrafung war streng, aber gerecht: Gebete ohnehin, kein Essen, ab ins Bett, Stubenarrest, reichlich Prügel im dunklen Keller. Da gab es nicht mehr viel zu bocken. Die Selbstaufgabe war total.

Im Ort und in der Schule galten die W.s als sonderbar, und Jürgen war ein Außenseiter. Seine ängstliche Verdrucktheit lud zu Hänselei und Quälerei ein. Er lernte fleißig und erfolgreich. Eingeladen wurde er nie, und er hätte wohl auch nie hingedurft. Später begegnete er seinen Peinigern mit Demut, zwang sich zur Nächstenliebe, niemals hätte er sich gewehrt. Die Gewißheit, zu den Auserwählten zu gehören, war Trost genug. Für jede Schadensfreude über das vorbestimmte Los seiner Peiniger verurteilte er sich scharf. Er lebte bei seinen Eltern. In einer kleinen christlichen Druckerei, wo auch andere Glaubensbrüder und Glaubensschwestern arbeiteten und deren Besitzer zur Gemeinde gehörte, war er erfolgreich und gut gelitten.

Nach seinem 29. Geburtstag wurde bei der Mutter ein fortgeschrittenes Brustkrebsleiden entdeckt. Fast zwei Jahre pflegte er sie aufopferungsvoll bis zu ihrem gräßlichen Ende. Der Verlust war unsagbar. Jürgen W. erlebte eine schwere Krise. Trauer, Angst und Schmerzen bestimmten nun sein Leben. Er entwickelte viele der Körpersymptome, die er bei seiner armen, dem Tod ausgelieferten Mutter gesehen hatte. Er geht zum Arzt, der findet nichts. Er glaubt dem nicht, schließlich ist bei der Mutter der Krebs auch zuerst übersehen worden. Der Vater enttäuscht ihn erneut. Nicht nur, daß er sich unerwartet schnell von der Trauer erholte, er erwies sich gegenüber dem Sohn als uneinfühlsam, verständnislos und hart: Reiß dich zusammen.

Der Vater verläßt nach fünf Monaten die gemeinsame Wohnung und zieht zu einer Frau, die er offenbar schon lange gekannt hatte. Jürgen W. ist allein. Die Gemeinde ist sein Zufluchtsort. Zur Arbeit geht er nicht mehr. Die Untersuchungen in einer internistischen Klinik bleiben wieder ohne Ergebnis. Der Stationsarzt und ein Psychologe können den Widerstrebenden bewegen, sich zu einer Art Probebehandlung in die psychosomatische Abteilung verlegen zu lassen. Der Schock hätte nicht größer sein können. Er tritt in eine fremde, ängstigende Welt ein. Er soll sein Schneckenhaus verlassen.

Einzel- und Gruppengespräche, Zusammenleben auf engstem Raum, Körperarbeit, Gestaltung, Musiktherapie. Ihm wird alles zuviel, die Angst packt ihn an Leib und Seele. Ihm ist übel und schwindelig, Flucht ist sein Gedanke, wenn er nur wüßte, wohin. Wenn doch nur die Mutter am Leben wäre. Medikamente und Entspannungsverfahren lindern die Symptome. Mit Mühe und Not durchsteht Jürgen W. eine dreimonatige stationäre Psychotherapie. An eine körperliche Erkrankung glaubt er zwar nicht mehr, aber die Angst und die das ganze Leben einschränkenden Vermeidungsstrategien bleiben.

Nach über einjähriger Arbeitsunfähigkeit wird er mit gerade 40 Jahren berentet. Eine dringend empfohlene ambulante Psychotherapie nimmt er nicht wahr. Ein Jahr später meldet er sich erneut. Seine Großmutter, zu der er nach dem Klinikaufenthalt gezogen war, ist nun auch gestorben. Jetzt ist er wirklich allein. Die Therapie wird zum Notanker, die Klinik zum Fluchtort. Vertrauen und Aufnahme ohne Gegenforderungen, respektvolle Zuwendung und offene Konfrontation, die wachsende Einsicht in seine Lebenszusammenhänge ohne Aufforderung, sogleich alles zu verändern, dies zeigt erste Wirkungen. Erstmals seit Jahren erkennt er einen Silberstreifen. Er wird, er will kein anderer Mensch werden, aber er kann sich wieder ein Leben vorstellen, das lebensfrohe, befriedigende und entwicklungsbereite Anteile bietet, trotz aller selbstgewählten Einschränkungen. In einem gewaltigen Entwicklungsschritt entschließt er sich, seine Homosexualität, die ihm seit Jahren quälend bewußt ist, zuzulassen. Er findet einen liebevollen Partner, mit dem er eine Beziehung entwickelt und lebt, die einen gelungenen Kompromiß zwischen sehr widersprüchlichen progressiven und regressiven Wünschen erlaubt: Einerseits fühlt er sich selbstbewußter, d. h. weniger durch Angst vor Enttäuschung und Verlust bestimmt, andererseits führt er den Haushalt und identifiziert sich so mit dem traditionellen Frauenbild seiner Mutter, und er erspart sich die Konfrontation mit dem grausamen, ängstigenden Berufsleben des Vaters.

7.5 Die Grenzen der Behandlung

Wir haben eingangs gesagt, und jedermann kann sich durch tägliche Erfahrungen von der Richtigkeit überzeugen, daß neurobiologisches Reifen, Lernen und Erfahren sowie ein verändertes Umfeld, vor allem eine Veränderung der familiären Beziehungen, den Menschen auch grundlegend in seiner Struktur verändern können. Solche Veränderung kann aus vielen kleinen unmerklichen Schritten bestehen, oder sie kann durch ein schlagartiges Sichläutern oder Sichentpuppen zum Guten oder zum Bösen erfolgen. Eine Therapie will nicht mehr leisten, als die Voraussetzungen für die lebenslange Entwicklung eines Menschen zu stärken bzw. zu erhalten, und sie will helfen, daß wesentliche Entwicklungen auf der Grundlage bewußter, selbstverantworteter, den Grundwerten verbundener Entscheidungen vollzogen werden, und sie will dazu beitragen, daß die Lösungen, welche der Mensch angesichts widersprüchlicher, konflikthafter Wünsche, Erwartungen und Werte trifft, nicht nur kurzfristig entlasten, also Pseudolösungen sind, sondern über den Tag hinaus Bestand haben, d. h. das weitere Leben begleiten. Eine Voraussetzung für ein gesundes körperliches, psychisches oder soziales Leben ist die Entwicklungsfähigkeit des Menschen, und Entwicklung meint eben nicht, jedem Impuls nachzugeben, beständig nach Neuem zu streben. Entwicklung bedeutet in einem sich beständig selbstorganisierenden (autopoetischen) humanen System durch Selbstwahrnehmung, also durch Reflexion und bewußte Entscheidung, die strukturerhaltenden (morphostatischen) und die strukturumbildenden (morphogenetischen) Fähigkeiten zu erhalten und einzusetzen.

Bei den schweren Persönlichkeitsstörungen sind die Anforderungen an solche Art von Psychotherapie besonders hoch. Ohne Zweifel ist die Notwendigkeit zur weitreichenden Entwicklung gegeben. Dies belegen alle drei Fallskizzen. Zugleich, auch das lehren uns die Beispiele, sind der Entwicklung enge Grenzen gesetzt. Es kommt kein Behandlungsauftrag zustande, es kann keine als hilfreich und vertrauenswürdig empfundene Beziehung zwischen dem Patienten und seinem Therapeuten entstehen. Alles andere, Zwangsbehandlung, Gehirnwäsche, Manipulation, gehört in einen anderen Kontext von sozialer Kontrolle und Sanktion. D. h. wir stellen fest, eine der allerersten Aufgaben ist es, mehr als nur einer unglücklichen Minderheit Persönlichkeitsgestörter den Zugang zu therapeutischen Entwicklungsmöglichkeiten, die Beziehung zu therapeutischen Entwicklungshelfern zu erschließen. Öffentliche und vor allem individuelle Aufklärung und Ermutigung an den Orten, wo Persönlichkeitsgestörte anecken, sind sinnvoll. Hier ist wieder die Medizin gefordert, die Praxen von Hausärzten und die Kliniken. Dennoch, wir wissen es alle, sind dem Zugang Grenzen gesetzt: Der Paranoiker unseres ersten Fallbeispiels erlebt den Rat „gehen Sie mal zum Psychiater" nicht als hilfreich, sondern als Hinweis, welch ein Ausmaß die ihn umgebende Verschwörung schon erreicht hat.

Wenn durch glückliche Umstände und möglichst früh, aber besser später als gar nicht, ein therapeutischer Kontakt zustande kommt, dann ist zwar einiges, aber längst nicht alles erreicht. Nun muß der Therapeut bereit und in der Lage sein, eine schwere Persönlichkeitsstörung angemessen zu behandeln.

Dafür braucht er Zeit, für den einzelnen Kontakt und für die weitere Entwicklung. Dies ist nichts für überlaufene psychiatrische Polikliniken mit begrenzten Angeboten (z. B. 3–5 Kurzkontakte) und häufig wechselndem Personal. Es braucht aber auch eine Bereitschaft und Befähigung, sich auf befremdliche, beunruhigende oder bedrängende Erfahrungen einzulassen, und dies ist eben nicht das Tummelfeld der geborenen Helfer, die sich schnell in einen Wirbel widersprüchlicher Gefühle, lebensentscheidender Konflikte und naiver Ratschläge verstricken, welche nur bewirken, daß ein belastetes Leben durch Enttäuschung und Verwirrung noch belasteter wird und daß die Hürde für einen neuen Behandlungsanlauf noch weiter erhöht wird.

Die therapeutische Haltung wird von den folgenden Anforderungen bestimmt: Sich zu engagieren, ohne sich verwickeln zu lassen, neutral zu bleiben und Einblicke zu gewinnen, klare Vereinbarungen und Regeln, die vom Nächstliegenden ausgehen, z. B. von der Lebensgefahr durch Suizid, statt starrer unempathischer Zwänge, und vor allem sich als hilfreicher Mensch im Rahmen der Therapie zur Verfügung zu stellen, ohne diesen Rahmen zu verlassen, d. h. hilfreicher Mensch in einer freundschaftlichen Arbeitsbeziehung zu werden.

In den letzten Jahren haben Therapeuten beschrieben, welche weitreichenden Entwicklungen schwerer Persönlichkeitsstörungen möglich sind, wenngleich Behandlungsabbrüche und Suizide noch häufig vorkommen (10–15 %). Die Erfolgsaussichten sind um so eingeschränkter, je mehr die Persönlichkeitsstörung bereits eine oder mehrere zusätzliche psychische Störungen, vor allem Depression, Angst, Schmerz, Eßstörung, nach sich gezogen hat (hohe Komorbidität) und je weniger ausgebildet, erfahren und talentiert der Therapeut ist. Um stützend und expressiv (gefühls- und konfliktbearbeitend) zu wirken, muß der Therapeut befähigt sein und Techniken gelernt haben, um scharfem Mißtrauen, hochempfindlichen und schnell wechselnden Stimmungen, primitiven Abwehrformen sowie immer neuem, geradezu zwanghaftem Ausagieren schrecklichster Erfahrungen der Demütigung, des Mißbrauchs, der Enttäuschung standzuhalten, wobei das Opfer sich auf unvermittelte Weise abrupt in einen gefährlichen Täter verwandeln kann. Neutral zu bleiben, zu deuten, statt zu raten und neue verändernde Erfahrungen im Schutze einer oft langjährigen therapeutischen Beziehung zu ermöglichen, dies sind die Geheimnisse, um auch schwerst beschädigten und beeinträchtigten Menschen zu einer von ihnen als menschenwürdig und lebbar empfundenen Entwicklung zu verhelfen.

Für den schwer Persönlichkeitsgestörten ist es überlebensnotwendig geworden, seine Umgebung beständig auf versteckte Aggressionen, auf kurzfristig verfügbare Befriedigungen und auf Schwächen, die sich für das eigene beschränkte Fortleben ausnutzen lassen, abzuchecken, und diesem untrüglichen feinstem Gespür entgeht niemand. Der einzige Ausweg aus diesem therapeutischen Dilemma ist, dieses Gespür des Patienten selbst zur Grundlage einer nur dann und auf diese Weise gelingenden Behandlung zu machen. Mögen die Angebote noch so einladend sein, versuche nie, einen Paranoiker hinters Licht zu führen, versuche nie, einen Patienten mit Borderline-Störung zu verführen, und versuche nie, einen Abhängigen auszunutzen, das unheilvolle Scheitern ist unabwendbar!

8. Zusammenfassung und praktische Hinweise

Abschließend soll das bisher Gesagte unter praktischen Gesichtspunkten zusammengefaßt werden: Welche Behandlungsmethoden sind für die Lösung welcher Probleme geeignet? Wie wird der passende Therapeut gefunden? Wie verläuft und wie endet eine Psychotherapie?

8.1 Die passende Methode finden

Wir haben die gängigen psychotherapeutischen Verfahren – Psychoanalyse, Verhaltenstherapie, (systemische) Paar- und Familientherapie und humanistische Psychotherapie – sowie die allgemeinen Wirkungen der Psychotherapie in ihren Grundlagen und Methoden kennengelernt. Abschließend sollen die Verfahren in ihrer Wirksamkeit bei den häufigsten Störungsbildern noch einmal in Erinnerung gerufen werden.

Die Psychoanalyse und die tiefenpsychologische Psychotherapie

Die Psychoanalyse als hochfrequente Langzeitbehandlung und die aus ihr hervorgegangene tiefenpsychologische (auch psychodynamisch genannte) Psychotherapie sind die historisch ältesten, bis heute wichtigsten und am weitesten verbreiteten Verfahren. Sie kommen immer dann zum Zuge, wenn eine grundlegende Neuorientierung vom Patienten angestrebt wird und notwendig erscheint. Hier steht die Aufdeckung und Bearbeitung dem Bewußtsein verborgener früherer (z.B. kindlicher) Konflikte im Vordergrund sowie die Nachreifung, d.h. der Erwerb neuer und verändernder Erfahrungen, insbesondere Erfahrungen einer vertrauenswürdigen und stabilen zwischenmenschlichen Bindung. Das erste Wirkprinzip, die Konfliktlösung, steht bei allen Arten von Neurosen im Vordergrund. Das zweite Mittel, die Bindungserfahrung, ist bei der Behandlung aller Arten schwerer Störungen der Persönlichkeit unverzichtbar.

Menschen, die unter Depressionen, Ängsten oder Zwängen leiden, wollen in der Regel wissen, woher ihre Probleme kommen. Sie spüren, daß sie jetzt in der Neurose Erfahrungen wiederholen, die ihnen aus früheren Lebensabschnitten schmerzlich vertraut sind. Am häufigsten sind dies Trennungen, Traumatisierungen (Mißhandlung oder Mißbrauch), Ambivalenzen (z.B. der Zwiespalt von Abhängigkeit und Autonomie) und Selbstzweifel.

Bei der Behandlung steht die Erfahrung einer stabilen vertrauenswürdigen Beziehung im Vordergrund. Sind die Grundlagen der Entwicklung beschädigt, ist eine grundlegende Entwicklung (Reifung) nötig und möglich. Beides, die Konfliktarbeit und die Beziehungsarbeit, gehen im Verlauf der psychodynamischen Therapie ineinander über, und beides braucht Zeit und Kontinuität.

Als Kurztherapie, z. B. zur Krisenhilfe, dauert eine tiefenpsychologische Behandlung in der Regel 25 Sitzungen, häufiger ist die mittlere Dauer von 50 Sitzungen mit der Möglichkeit einer Verlängerung auf 80 Stunden. Bei einer wöchentlichen Sitzungsfrequenz ergibt sich eine 1–2jährige Behandlungsdauer, einzeln im Gegenübersitzen. Möglich ist auch eine entsprechende Zahl von Gruppensitzungen, 2stündig bei 8–10 Teilnehmern.

Die klassische Psychoanalyse ist heute selten. Sie legt ihr Schwergewicht auf Beziehungsarbeit und Nachreifung. Die Psychoanalyse ist das beste Verfahren, um Entwicklungen der Persönlichkeitsstruktur zu fördern. Der dafür nötige Aufwand ist beträchtlich. 160 bis 240 oder mehr Stunden 2–3 mal wöchentlich im Liegen in einer mindestens zwei bis drei Jahre dauernden Behandlung. Sie wird heute bei schweren Neurosen und analysierbaren Persönlichkeitsstörungen angewandt. Die Wirkungen der Psychoanalyse und der tiefenpsychologischen (auch psychodynamischen) Behandlung sind ähnlich. Konflikte und Beziehungsmuster werden auf den Therapeuten übertragen, gegen deren Aufdeckung richten sich Widerstände (Angst, Schuld oder Schlechtigkeitsgefühl), durch Erinnerung, Wiederholung und Durcharbeiten kommt es zu bleibenden und weitreichenden psychischen Veränderungen.

Verhaltenstherapie
Eine Verhaltenstherapie wird immer dann empfohlen, wenn eine schnelle und sichere Beseitigung pathogener Denk- und Verhaltensschemata angestrebt wird. Ein Musterbeispiel sind die Phobien, z. B. die Angst vor geschlossenen Räumen, weiten Plätzen oder vor Höhe. Wenn diese Ängste sich verselbständigt, d. h. vom ursprünglichen auslösenden Konflikt entfernt haben, ist eine Verhaltenstherapie sogar unverzichtbar. Durch eine sogenannte Exposition, das bedeutet, sich in Gedanken oder in der Realität der ängstigenden Situation auszusetzen, verliert die „Angst vor der Angst" ihren Schrecken. Entspannungsübungen (z. B. die Progressive Muskelrelaxation nach Jacobson) helfen, die begleitenden vegetativen Streßsymptome

wie Schwindel, Schwitzen, Herzjagen, schnelles Atmen zu beherrschen, die sonst zur Quelle weiterer Ängste werden. Das für Phobien typische Vermeidungsverhalten, welches weitreichende Einschränkungen des Alltagslebens (Arbeit, Freizeit, Familie) nach sich zieht, kann so gemindert werden.

Mit ähnlichen, nicht ganz so durchschlagendem Erfolg können negative Denkstile, wie sie für Depressionen typisch sind (übersteigerte Selbstkritik, Selbstentwertung, negative Vorausschau etc.), verändert werden. Hier wird die kognitive Verhaltenstherapie oft mit anderen psychodynamischen, systemischen oder medikamentösen Maßnahmen kombiniert.

Weitere Probleme, bei denen die Verhaltenstherapie allein oder in Kombination nachgewiesene Wirkung hat, sind: Körperbeschwerden ohne ausreichenden Körperbefund, also die sogenannten somatoformen Krankheiten, vor allem psychogene Schmerzstörungen, Eßstörungen (Anorexie, Bulimie, Adipositas); Zwangsneurosen; Süchte und Abhängigkeiten (Alkohol, Medikamente, Drogen). Begleitend kommt die Verhaltenstherapie auch bei schweren psychiatrischen Erkrankungen (z. B. Schizophrenie) zum Zuge. Präventorisch werden verhaltenstherapeutische Techniken eingesetzt zur Verbesserung des Gesundheitsverhaltens (z. B. Ernährung, Streßminderung, Raucherentwöhnung), zur Verbesserung der partnerschaftlichen Kommunikation (z. B. Konfliktlösung) und der Sexualität sowie als Schulungsprogramm zur besseren Bewältigung schwerer und chronischer körperlicher Krankheiten (z. B. Krebs, Herz-Kreislauf-Krankheiten, Rheuma, Diabetes etc.).

Die Verhaltenstherapie ist also ein sehr breit einsetzbares Verfahren, das bei einer großen Zahl von Störungen sichere Wirkungen erzielt. Sie erreicht ihre Grenzen da, wo eine Veränderung der Denk- und Verhaltensschemata (das Umdenken und das Umlernen) nicht ausreicht, um Anschluß an eine ungestörte Lebensentwicklung zu finden. Dies gilt besonders dann, wenn innere Konflikte (Psychodynamik) oder äußere Konflikte (z. B. Partnerschaft und Familie) erheblichen Ausmaßes die Entwicklung behindern. Aber selbst dann ist die Verhaltenstherapie ein unverzichtbarer Bestandteil eines Behandlungspaketes, welcher sicherstellt, daß eingefahrene Symptome wieder verflüssigt werden.

(Systemische) Paar- und Familientherapie
Dieses immer noch relativ neue Verfahren sollte immer dann angewandt werden, wenn die Schwierigkeiten eines Menschen wesentlich in seinem Umfeld (vor allem der Familie) verankert sind oder wenn die Familie stark in Mitleidenschaft gezogen ist. Dies ist bei nahezu allen schweren und chronischen Störungen der Fall, insbesondere im Kindes- und Jugendalter, aber auch sehr bei alten Menschen (Pflege).

Als Gesprächsform (Setting) wird die Paar- und Familientherapie ähnlich dem Gruppensetting auch im Rahmen der bereits genannten psychoanalytisch orientierten (tiefenpsychologischen bzw. psychodynamischen) Verfahren und im Rahmen der Verhaltenstherapie eingesetzt, z.B. als psychoanalytische Paartherapie, als verhaltenstherapeutische Sexualberatung oder auch als ergänzendes Paar- und Familiengespräch im Rahmen einer tiefenpsychologischen oder verhaltenstherapeutischen Einzeltherapie.

Als eigenständiges Behandlungsverfahren mit eigener Theorie und Methodik ist die Paar- und Familientherapie systemtheoretisch begründet, d.h., sie zielt auf die Verbesserung der Beziehungen zwischen den Mitgliedern eines Beziehungssystems ab, und dies geschieht meist (aber nicht immer) durch gemeinsame Gespräche der Beteiligten. Für dieses Behandlungsverfahren hat sich vor allem in Deutschland der Begriff Systemische Therapie durchgesetzt, um deutlich zu machen, daß auch andere Systeme als die Familie behandelt werden können und daß nicht immer alle Beteiligten am Gespräch teilnehmen müssen. Über die Systemische Therapie gibt es relativ wenige wissenschaftlich gesicherte Erfahrungen zu berichten. Sie scheint ihre Stärken als Kurztherapie (5–15 Sitzungen in großen Abständen) zur Mobilisierung von Selbsthilfe- und Selbstheilungsressourcen, angesichts existenzieller Krisen und stagnierter Lebensentwicklungen zu haben, unabhängig von den individuellen Störungen einzelner Familienmitglieder.

Auch die Familientherapie ist oft ein Teil eines Behandlungspakets, zusammen mit anderen psychotherapeutischen, psychosozialen oder medikamentösen Maßnahmen, und hier sollte sie bei keiner Behandlung einer schweren oder chronischen psychischen oder körperlichen Krankheit fehlen.

Als alleinige Maßnahme steht sie bei Beziehungskonflikten im Vordergrund: Paarkonflikte, Konflikte zwischen den Generationen, vor allem bei der Ablösung vom Elternhaus, Konflikte im Zusammenhang mit der Versorgung pflegebedürftiger alter Menschen und immer, wenn Menschen merken, daß sie sich auf unglückliche Weise verstrickt haben und ohne Einbeziehung aller Beteiligten die Verstrickung nicht lösen können. Dann ist die Paar- und Familientherapie ein sehr wirksames, aber hohe Ansprüche an die Bereitschaft und an das Engagement der Beteiligten stellendes Verfahren, das leider allzu oft an mangelnder Motivation, aber auch am Mangel erfahrener Therapeuten scheitert. Ihre größte Verbreitung dürfte die Paar- und Familientherapie außerhalb des medizinischen Versorgungssystems bei den sozialen Diensten erreicht haben. Nahezu die gesamte Ehe-, Familien- und Lebensberatung, die Kinder- und Jugendhilfe und die Sozialtherapie sind heute beziehungs- und systemorientiert.

Humanistische Alternativen, Kombinationen
und allgemeine Wirkungen der Psychotherapie
Wir beschränkten uns in unserem Überblick auf die mittlerweile klassische Trias Psychoanalyse, Verhaltenstherapie und (systemische) Paar- und Familientherapie. Dies geht zu Lasten der großen Gruppe sogenannter humanistischer Verfahren, vor allem der Gesprächstherapie, der Gestalttherapie, dem Psychodrama, der Transaktionsanalyse und der Bioenergetik und der noch größeren Zahl sonstiger Angebote mit allerdings oft zweifelhafter Güte. Therapieführer und Leitfäden versuchen, Übersicht in die Szene zu bringen. Bei der humanistischen Therapie sind lange und bewährte Traditionen und, vor allem bei der Gesprächstherapie, auch empirische Wirksamkeitsnachweise zu würdigen. So seriös diese Therapien und deren prakti-

sche Anwendung auch sein mögen, so lassen die genannten humanistischen Verfahren sich doch dem bei der tiefenpsychologischen Therapie Gesagten zuordnen. Es handelt sich hier um sehr grundlegende, breit wirksame und auf allgemeine Wirkungen angelegte Methoden, die zwar meist von den drei anderen – Psychoanalyse, Verhaltenstherapie oder (systemische) Paar- und Familientherapie – ersetzt werden können, die aber bei bestimmten persönlichen Vorlieben ohne weiteres angewendet werden können.

Dies ist das Besondere der heutigen Psychotherapie, daß wir im Einzelfall nebeneinander oder nacheinander die Verfahren kombinieren, und dies gilt um so mehr, je vielschichtiger eine Störung ist, je mehr im Zug einer schweren und chronischen Erkrankung verschiedene Ebenen (z. B. Persönlichkeit, Verhalten, Beziehung) gestört sind. Im Behandlungsalltag stößt dies auf große Schwierigkeiten, denn die Ausbildung der heute praktizierenden Therapeuten ist fast ausschließlich auf den Erwerb eines einzigen Verfahrens gerichtet. Diese Schulorientierung erschwert eine patienten- und problemorientierte Arbeit.

Das Hauptfeld der Behandlungskombinationen ist heute die stationäre und tagesklinische Behandlung. Hier erlebt der Patient nebeneinander Einzel-, Gruppen- und Familienbehandlungen. Diese sind tiefenpsychologisch, verhaltenstherapeutisch, erfahrungsorientiert (Körperarbeit, Kunst- und Musiktherapie) oder sozialtherapeutisch orientiert. Eine solche Behandlungsbreite und Behandlungsdichte ist ambulant nicht realisierbar und würde auch den einzelnen Therapeuten vollständig überfordern. Diese Art stationärer Behandlung hat das Ziel, eine ambulante Weiterbehandlung möglich zu machen. Schwerwiegende Symptome, z. B. Ängste, Depressionen, Untergewicht, werden gemindert, schwerwiegende familiäre und soziale Probleme werden überwunden, und der Patient macht die Erfahrung, daß die Eröffnung einer hoffnungslos erscheinenden Lebenssituation möglich ist. Schwierigkeiten bereitet die ambulante Fortsetzung der Behandlung, nicht nur wegen der bereits erwähnten Schulzentrierung vieler heute praktizierender

Therapeuten, sondern weil auch unser ambulantes Vergütungs-system nur die Behandlung mit einem einzigen Verfahren bei einem einzigen Therapeuten vorsieht.

Fortschritte sind in der Zukunft von störungsspezifischen ambulanten Behandlungsprogrammen zu erwarten. Diese sind zur Zeit vor allem für Eßstörungen, Depressionen, Persönlich-keitsstörungen und somatoforme Krankheiten verfügbar, be-finden sich aber oft noch im Experimentierstadium oder wer-den nur an spezialisierten Zentren, z. B. den Ambulanzen von Universitätskliniken, angeboten. Hier wird es in den nächsten Jahren weitreichende Entwicklungen geben. Den heutigen Pa-tienten und ihren Therapeuten ist damit wenig geholfen. Sie sind weiter darauf angewiesen, den Behandlungsprozeß so gut wie heute möglich zu gestalten. Darauf gehen wir in dem nun folgenden Abschnitt näher ein.

8.2 Den passenden Therapeuten finden

Wie findet ein Patient seinen Therapeuten? Dazu ist es erfor-derlich zu wissen, wonach gesucht wird, fachlich und mensch-lich, und wo gesucht wird. Vieles bleibt dem Zufall überlassen, und erstaunlich oft klappt es doch, und dennoch sollte man sich nicht nur auf das Glück verlassen.

Die Passung entscheidet wesentlich
über das Behandlungsergebnis
Viele Patienten und viele Therapeuten schätzen die Tatsache zu gering, daß allgemeine Einflüsse, die noch gar nichts mit Be-handlungstechniken zu tun haben, in der Psychotherapie wie auch sonst in der Medizin, wesentlich über den Behandlungser-folg entscheiden. Allzu abfällig wird vom Placeboeffekt, von Suggestion gesprochen, als ginge es darum, mit Zuckerpillen oder Zauberspuk den Patienten hinters Licht zu führen. Tat-sächlich ist aber das Gelingen einer Psychotherapie höchst un-wahrscheinlich, wenn nicht spätestens nach drei bis fünf Ge-sprächen eine als vertrauenswürdig und hilfreich empfundene Beziehung zustande kommt.

Dies bedeutet nicht, daß der Patient von seinem Therapeuten ab dem ersten Moment begeistert sein muß. Im Gegenteil, Psychotherapie, gleich welcher Schule, berücksichtigt auch problematische Erfahrungen. Wenn diese nicht möglich sind, weil der Patient oder der Therapeut oder noch schlimmer beide zusammen allein auf wechselseitige Bestätigung setzen, dann endet das ganze Unternehmen in schneller Enttäuschung oder noch schlimmer in langer Abhängigkeit. Klein beizugeben ist unnötig und unsinnig. Patienten, die meinen, sich von Therapeuten, die Psychotherapie als Übung in verletzenden oder beschämenden Grobheiten mißverstehen, alles gefallen lassen zu müssen, weil Therapie eben so ist oder weil es niemand anderen am Ort gibt, sind schlecht beraten. Ihre Behandlung wird scheitern. Das Gefühl, „es könnte gehen", reicht aus. Der Patient muß erleben, daß der Therapeut ihn verstehen kann und verstehen mag mit dem Verstand und mit dem Herzen (Empathie), und der Therapeut muß das Gefühl haben, daß er diesem Patienten weiterhelfen kann und weiterhelfen mag mit dem Verstand und mit dem Herzen. Das genügt fürs erste. Ein leiser Zwiespalt stört nicht. Heftige Animositäten sind sehr selten, stellen sich diese auch beim zweiten und dritten Therapeuten wieder ein, sollte dies für den Patienten ein Anlaß sein, die eigenen Erwartungen zu überprüfen.

Wen soll der Ratsuchende ansprechen? Einige gehen nach dem Eintrag im Telefonbuch oder lassen sich von ihrer Krankenkasse die Liste zugelassener Psychotherapeuten geben, wobei letzteres wenigstens sicherstellt, daß der Therapeut eine bestimmte Mindestqualifikation hat. Allerdings wird der Kreis so auf psychoanalytisch (tiefenpsychologisch) und verhaltenstherapeutisch orientierte Therapeuten eingeschränkt. Denn nur deren Behandlung wird ohne weiteres von den Krankenkassen bezahlt.

Die erste Entscheidung ist also: Tiefenpsychologische Behandlung oder Verhaltenstherapie? Nach dem bereits oben Gesagten gilt, daß die erstgenannte Richtung denjenigen empfohlen wird, die eine grundlegende Lösung ihrer Lebensprobleme anstreben, ein intensives Nachdenken über sich selbst und eine eher mittel- und langfristige Weiterentwicklung wichtiger Lebensbereiche. Zu erwarten ist, daß im Zuge dieser Behandlung auch Neurosen (vor allem Ängste und Depressionen), Körperbeschwerden oder allgemeine Lebensprobleme (Kontakt mit anderen Menschen, Arbeitsstörungen, Familienprobleme) überwunden werden. Der tiefenpsychologische Ansatz zielt auf eine ursächliche, längerdauernde Entwicklung mit dem Ziel grundlegender bleibender Veränderungen. Eine psychoanalytische Behandlung ist ein sehr aufwendiges, das gesamte Leben veränderndes Vorhaben und sollte nur nach ausführlicher fachgerechter Beratung begonnen werden.

Die Verhaltenstherapie wird denjenigen empfohlen, deren Symptome so sehr im Vordergrund stehen, daß anderes kaum noch vorstellbar ist, z. B. bei extremen Phobien, Eßstörungen, Zwängen, Schmerzen, oder die im Grunde mit sich und ihrem Leben durchaus im Einklang sind, aber eine ganz umschriebene Hilfe (Beratung, Übung, Anleitung) bei der Überwindung ganz umschriebener Beschwerden suchen.

Eine paar- und familientherapeutische Hilfe wird sinnvollerweise von denjenigen angestrebt, die in ihrer Partnerschaft, in der eigenen oder in der weiteren Familie Probleme haben. Ehestreit, Konflikte mit den Kindern, aber auch Unterstützung nach schweren Lebenskrisen (z. B. Verlust, Unfall, schwere Erkrankung) sind Anlaß, gemeinsame Gespräche als Paar oder Familie zu suchen.

Psychotherapeuten werden heute breiter ausgebildet. Der Patient kann damit rechnen, daß ein tiefenpsychologisch orientierter auch, wenn nötig, verhaltenstherapeutische Techniken einsetzt (z. B. Angstexposition) und daß ein Verhaltenstherapeut auch die Motive und Konflikthintergründe gestörten Denkens und Verhaltens ergründet und wenn nötig mit dem Patienten bearbeitet. Und beide, Tiefenpsychologen und Verhaltenstherapeuten, werden beim heutigen Ausbildungsstand bereit und in der Lage sein, auch gemeinsame Paar- und Familiengespräche zu führen.

Diese deutlich erweiterte Kompetenz beruht auf grundlegenden Neuregelungen der vergangenen Jahre. Mit dem Facharzt für Psychotherapeutische Medizin und dem Psychologischen Psychotherapeuten wurden zwei Spezialisten geschaffen, die bei einer psychoanalytischen (tiefenpsychologischen) oder verhaltenstherapeutischen Grundorientierung breite Kenntnisse auch in den anderen Verfahren haben und die alle über fundierte paar- und familientherapeutische Kenntnisse verfügen sollen. Diese Ausbildung wird staatlich überwacht und dauert 3–5 Jahre (ganztags). Sie soll sicherstellen, daß jeder Patient eine seiner Problematik angemessene umfassende Behandlung erhält.

Daneben gibt es auf der ärztlichen Seite noch den psychiatrischen Psychotherapeuten mit einer gegenüber den genannten Fachpsychotherapeuten deutlich begrenzteren psychotherapeutischen Ausbildung und einem Schwergewicht bei der Behandlung schwerer psychiatrischer Erkrankungen, oft in Kombination mit Medikamenten oder sozialtherapeutischen Maßnahmen (z. B. Schizophrenie, schwere Depression, Alkohol und Sucht, hirnorganische Störungen, schwere und chronifizierte Neurosen oder Persönlichkeitsstörungen). Dazu kommt die sogenannte Zusatzbezeichnung Psychotherapie, welche von Fachärzten anderer Gebiete (vor allem der Allgemeinmedizin, der Inneren Medizin, der Gynäkologie oder Dermatologie etc.) berufsbegleitend über drei Jahre erworben wird, um innerhalb dieses Fachgebietes begrenzte psychotherapeutische Angebote für diejenigen ihrer Patienten zu machen, die neben der körpermedizinischen Behandlung zugleich eine psychotherapeutische Hilfe brauchen und diese in der sehr vorteilhaften integrierten Form „aus einer Hand" bekommen sollen. Diese im eigentlichen Sinne psychosomatische Behandlung leitet über zur sogenannten Psychosomatischen Grundversorgung, also den vor allem von Hausärzten erbrachten, grundlegenden klärenden und unterstützenden Gesprächen (Anzahl 5–10, Dauer jeweils ca. 20 Minuten) oder Entspannungsangeboten (Autogenes Training oder Jacobson-Methode) auf der Grundlage einer begrenzten 80stündigen Fortbildung. Diese psychosomatische Grundversorgung ist von unschätzbarem Wert für Patienten, die sich über die Notwendigkeiten und Möglichkeiten einer Psychotherapie informieren wollen. Der Arzt ist hier Wegweiser und Vermittler in dem nach wie vor unübersichtlichen psychotherapeutischen Versorgungssystem.

Auf der psychologischen Seite ist die Beratungsarbeit mit der psychosomatischen Grundversorgung vergleichbar. An fast allen Orten gibt es heute von Kommunen, Kirchen oder anderen Trägern betriebene Beratungsstellen für Ehe-, Familien- oder Lebensfragen. Dazu kommen spezielle Beratungsangebote für Frauen (z. B. nach sexueller Gewalt), für Scheidung, bei Drogen und Sucht und für eine Vielzahl anderer Lebensbereiche. Angeboten werden Gespräche, Hilfe zur Selbsthilfe und Unterstützung bei der Suche nach einer weiterführenden Fachpsychotherapie.

Abschließend bleibt noch ein wichtiger, oft übersehener Zugang zur Psychotherapie zu erwähnen: Die persönliche Empfehlung von Freunden, Bekannten, Verwandten, beim Friseur, beim Elternabend oder sonstwo. Hier gilt das gleiche wie bei Urlaubstips, was für den einen paßt, kann für den anderen ungut sein. Negative Vorerfahrungen anderer Menschen: „Das hat überhaupt nichts gebracht ..., der hat überhaupt nichts gesagt ..., der hat die ganze Zeit auf mich eingeredet ..., mir sei sowieso nicht zu helfen ...", sind mit Vorbehalt zu werten: Von wem kommt die Information, wie ist dessen Einstellung zur Psychotherapie, was war der Anlaß, ist die Problematik vergleichbar? Trotz solcher Einschränkungen bleibt die begründete und nachvollziehbare, nicht übertriebene Empfehlung eine gute Entscheidungshilfe. Auch für den Therapeuten ist es hilfreich zu hören, wer ihm den neuen Patienten empfohlen hat. Welcher Kollege, welche Einrichtung, welcher frühere Patient hat den Hinweis gegeben? Auf diese Weise läßt sich oft abschätzen, mit welchen Erwartungen, Einstellungen und Informationen der Neue kommt.

Unverzichtbar ist und bleibt aber die persönliche Begegnung: Die ersten Eindrücke, die ersten Vorgespräche, die ersten Einsichten und Gefühlserfahrungen. Sie entscheiden zusammengenommen, ob eine erfolgversprechende psychotherapeutische Beziehung entsteht.

Schauen wir nun zum Schluß noch kurz auf die weitere Entwicklung und das Ende einer Psychotherapie.

8.3 Behandlungsabschlüsse und Behandlungsabbrüche

Spontan-, Blitz- und Wunderheilungen
Vielen geht es sofort nach Beginn einer psychotherapeutischen Behandlung deutlich besser. Endlich geschieht etwas. Neue Hoffnungen, sich verstanden und aufgehoben zu fühlen, sich selbst und die eigenen Probleme besser zu verstehen beginnen, hilft. Oft setzen diese positiven Veränderungen schon ein, bevor die erste Sitzung überhaupt stattgefunden hat. Dies ist ein Phänomen, das schon die Psychotherapieforscher zur Verzweiflung getrieben hat: Ihre Warte-Kontrollgruppen entwickelten sich ähnlich wie die Behandelten. D. h., eine innere Auseinandersetzung und Entwicklung wird verstärkt und in konstruktive Bahnen gelenkt, sobald der Entschluß zur Psychotherapie einmal gefaßt wurde. Wir haben im Anfangskapitel von den Erfolgen der früheren Wunderheiler gehört. Bis heute wird immer wieder von Blitzheilungen durch unmittelbar veränderte Einsichten sehr glaubhaft berichtet. Sigmund Freud, der Gründer der Psychoanalyse, erzählte eine Episode, die ihm auf einer Bergwanderung widerfuhr beim Gespräch mit einem Hüttenmädchen, die nach einem sexuellen Trauma Ängste und Depressionen entwickelt hatte. Michael Balint (1957), der Förderer der hausärztlichen Psychotherapie, beschrieb eine 5-Minuten-Flash-Technik, eine blitzartige Einsicht aufgrund einer passenden Konfliktdeutung. Bis heute werden vor allem von Systemtherapeuten immer wieder Wunderdinge berichtet und zur Nachahmung empfohlen. Auch die internationale Psychotherapieforschung zeigt, daß die durchschnittliche Dauer wirksamer Behandlungen bei 5–10 Sitzungen liegt und daß die ersten diagnostischen Probegespräche bereits nachhaltige positive Wirkungen haben können. Unbestritten ist das Phänomen der initialen „Remoralisierung", das Hoffen und Mutschöpfen, das Freisetzen bislang ungenutzter Entwicklungskräfte mit positiven Veränderungen, möglicherweise sogar

dem vollständigen Verschwinden der ursprünglich beklagten Symptome.

Einbrüche, Rückschläge, Symptomverschiebungen
So wichtig es ist, Spontan- und Schnellheilungen zu erkennen und zu respektieren, d. h. die Behandlung nicht ohne Grund in die Länge zu ziehen, so wichtig ist es aber auch, daß der Therapeut sich selbst und den Patienten darauf vorbereitet, daß die initiale Besserung nicht anhält („Wir haben erlebt, wie Sie sich fühlen können, wo Ihre Entwicklung wieder hingehen soll, schauen wir, wie wir das auf Dauer erreichen können"). Eine Psychotherapie verläuft in der Regel nicht gradlinig. Eine Besserung schreitet nicht von Stunde zu Stunde voran. Der Gründer, Sigmund Freud, sei hier nochmals mit seiner einprägsamen Maxime „erinnern, wiederholen, durcharbeiten" zitiert. In der Tat ist zu unterscheiden zwischen einer sinn- und zwecklosen, belastenden und verunsichernden Ursachen- und Vergangenheitsforschung und der Bearbeitung der zentralen Konfliktbereiche in ihren Wurzeln, ihren Erscheinungen und ihren alternativen Lösungsansätzen.

Das Phänomen der sogenannten Regression, des sich lebhaft in frühere Abschnitte zurückversetzt Fühlens, die Wiederkehr des Verdrängten, die Übertragung von Kindergefühlen und Kinderbeziehungen auf den Therapeuten ganz allgemein, das Wiederaufleben, die Reaktualisierung früherer schmerzlicher Erfahrungen tritt im Alltag wie auch in der therapeutischen Beziehung auf und sie bedrückt, ängstigt, lähmt den Patienten, aber sie sollte den Therapeuten nicht überraschen, ängstigen oder lähmen. Wohlgemerkt, die therapeutische Regression ist nicht der eigentliche Zweck einer Therapie („… das muß alles mal raus …, da müssen Sie wieder ran …, das steckt eben noch in Ihnen …"), sondern sie ist ein Mittel zum Zweck einer therapeutischen Entwicklung, der Einsicht in schmerzliche Erfahrung, des Betrauerns und Akzeptierens des Unwiederbringlichen, nicht wieder Gutzumachenden und der Unterscheidung der Äußerungen des „inneren Kindes", des früher gelebten Kindes und der erwachsenen Persönlichkeit.

Die Entwicklung der Symptome (Angst, Depression, Zwänge, Schmerzen etc.) erlaubt keine eindeutige Einschätzung des Behandlungsfortschritts. Ihr Verschwinden kann eine Verbesserung anzeigen, die anhält. Es kann aber auch ein Zeichen sein, daß ein Konflikt nun bearbeitbar und lösbar geworden ist, mithin nun weitere Anstrengungen nötig sind. Ihre Verstärkung kann eine Krise der Therapie signalisieren, einen Fehlverlauf mit zusätzlichen neuen, unnötigen, behandlungsbedingten (iatrogenen) Belastungen. Die Verschlimmerung kann aber auch den Eintritt in einen Abschnitt der konstruktiven Auseinandersetzung mit besonders schmerzlichen und belastenden Erfahrungen und Erinnerungen anzeigen. Eine verläßliche Einschätzung ist nur in der therapeutischen Situation aus der Wechselbeziehung von Patient und Therapeut möglich.

Über den sogenannten Symptomwandel, den Ersatz z.B. eines Schmerzes durch eine Depression, ist viel spekuliert worden. Sicher ist es völliger Unsinn anzunehmen, daß jede frühzeitig, ohne Konfliktbearbeitung erreichte Symptomheilung, z. B. nach einem Erstgespräch oder einer verhaltenstherapeutischen Übung, automatisch zum Auftreten der Symptome an einer anderen Stelle führen muß oder nur von kurzer Dauer sein kann.

Oft ist es ein Fortschritt, wenn eine bislang ausschließlich körperlich empfundene Beschwerde (z.B. Schmerz, Herzjagen, Durchfall) mit einem Gefühl der Angst, der Hilflosigkeit und der Hoffnungslosigkeit in Zusammenhang gebracht wird, deren körperlicher Ausdruck sie ist. Zwar sind die nun auftretenden Gefühle für den Patienten meist noch unangenehmer als die körperlichen Beschwerden, aber eine Heilung ist auf diesem unangenehmen Weg möglich. Manchmal wechselt die Symptomatik je nach Aufmerksamkeit, Lernerfahrung oder körperlichem Zustand. Und oft finden unterschiedliche Konflikte und unterschiedliche Gefühle ihren Ausdruck in verschiedenen Formen. Die Beschwerden und Klagen des Patienten sollten nicht wie früher oft üblich, mißachtet oder vernachlässigt werden (... zu oberflächlich ... das Eigentliche liegt tiefer ...). Aber das schnelle Verschwinden der Beschwerden allein sollte auch nicht den Erfolg oder die Dauer einer Therapie bestimmen. Es nützt nichts, wenn eine magersüchtige Patientin einige Kilogramm zunimmt und aller Welt verkündet, ihr ginge es blendend, obgleich keine weitere Entwicklung stattgefunden hat. Auch die oben schon erwähnte amerikanische Konsumentenstudie (Seligman 1995) zeigt nach einer Befragung vieler tausend ehemaliger Psychotherapiepatienten, daß in der Regel eine über die unmittelbare Beschwerdelinderung hinausgehende längere innere Entwicklung angestrebt und als hilfreich empfunden wird. Auch sonst werden wir uns in unserem Gesundheitssystem niemals zufrieden geben, die äußeren Zeichen einer Krebserkrankung nur zu kaschieren, den Herzschmerz nur zu lindern, die Durchfälle einer chronischen Darmentzündung zu lähmen, solange weiterreichende, auf vollständige Heilung gerichtete Maßnahmen möglich sind.

Mittel- und langfristige Ziele und Wirkungen der Psychotherapie

Das Ziel einer Psychotherapie ist, wir haben es oben ausführlich dargestellt, neben der Symptomüberwindung der Erhalt bzw. die Wiederherstellung oder Stärkung der Entwicklungs- und Entscheidungsfähigkeiten des Menschen. Nicht die ideale biopsychosoziale Supertype wird angestrebt, sondern der Mensch, der im Rahmen seiner Möglichkeiten ein von ihm als sinnvoll und akzeptabel empfundenes Leben führt: Neurotisches Elend in allgemeines Unglück wandeln, sagte sinngemäß der schon etwas altersdeprimierte Sigmund Freud.

Psychotherapie ist Entwicklungshilfe, Hilfe zur Selbsthilfe. Der in seiner Persönlichkeit schwer beschädigte Lehrer gerät im fünfzigsten Lebensjahr nach einem Disziplinarverfahren in eine schwere Krise. Grübelnd, zweifelnd, hadernd streicht er ruhelos durchs Haus, sich und seiner Frau und seinen Kindern zur Last. Bevor er sich umbringt, sucht er einen Psychotherapeuten auf. Durch vielfältige ambulante und stationäre Maßnahmen gelingt es, ein unglückliches Schulleben durch vorzeitige Pensionierung zu beenden, einen neuen Platz in seiner Familie zu finden und andere Formen der Sinnerfüllung und

Lebensgestaltung mit ihm zu entwickeln (er hat einige bizarre, aber lebbare Hobbys). Nach einigen Monaten loser Begleitung schafft er den Übergang in einen neuen, konfliktfreieren Lebensabschnitt. Sicher wäre anderes einfacher und billiger gewesen, aber wäre ihm damit geholfen worden? Wäre seiner Frau und vor allem der Entwicklung der Kinder gedient, ihn auf Biegen und Brechen im Arbeitsleben zu halten? Wäre der Gemeinschaft gedient, wenn die Kosten der Frühpensionierung gespart würden, aber weiteren Schülergenerationen ein bizarres Lehrererlebnis zugemutet worden wäre?

In unserem Lande wird in großem Umfang psychotherapeutische Hilfe unabhängig vom Einkommen und vom sozialen Status bereitgestellt, die neben der Symptomheilung auch zur Verbesserung der Lebenszufriedenheit und zur Stärkung der Lebensautonomie beiträgt. Ein Leben, das seine Befriedigung aus der aktiven Gestaltung der eigenen Möglichkeiten zieht, wird als erstrebens- und unterstützenswert angesehen.

Mittel- und langfristig verändert Psychotherapie nicht nur die psychogenen Beschwerden, sondern sie hat auch positive Wirkungen auf die allgemeine Lebenszufriedenheit, die Beziehungen zu anderen Menschen und auf die Stellung in der Gemeinschaft.

Abschluß oder Abbruch – Wann und wie aufhören?
In der Regel dauert eine Psychotherapie 25–50 Sitzungen. Der Patient und sein Therapeut werden sich verständigen, wann ein befriedigendes Ergebnis erreicht wurde und ob die weitere Arbeit noch Aussicht auf einen weiterreichenden Erfolg bietet, immer gemessen an den vereinbarten Behandlungszielen. Aber es ist auch eine menschliche Beziehung entstanden und die Trennung mag schwerfallen, oft sogar alten Kummer und alte Ängste wiederaufleben lassen. Wenn die ursprünglichen Beschwerden dann wieder erscheinen, ist dies vielleicht ein Anlaß, die Behandlung zu verlängern und dies ist nicht immer gut. Die Enttäuschung wird gewissermaßen fortgeschrieben.

Ebenso problematisch ist der kurzfristige Behandlungsabbruch, aus einer Krise und Enttäuschung heraus den Kram hinzuschmeißen. Es sei denn, durch längeres Nachdenken ist vom Therapeuten und vom Patienten erkannt worden, daß nur ein Wechsel eine Aussicht auf Erfolg bringt. Aber dies ist selten der Fall und dieser Schritt stellt an den Patienten und seinen Behandler und auch an den neuen Therapeuten hohe Anforderungen.

Anders sieht es im Fall von Übergriffen und schweren Behandlungsfehlern aus. Wenn sich ein Therapeut dem Patienten in eindeutiger Weise sexuell nähert oder wiederholt eindeutige Anspielungen macht, sollte sich der Patient sofort an einen anderen Therapeuten und möglicherweise an einen Anwalt wenden, die ihm helfen werden, das Trauma zu bewältigen und dem Übergreifenden sein Handwerk zu legen. Auch die ärztlichen Standesorganisationen (vor allem die Ärztekammern und die Kassenärztlichen Vereinigungen) sind bereit und verpflichtet, in solchen Fällen klärend und unterstützend einzugreifen. Ähnlich verhält es sich mit überzogenen finanziellen Forderungen. Hier sollte, wenn ein direktes Gespräch nicht fruchtet, die Krankenkasse bzw. die Kassenärztliche Vereinigung eingeschaltet werden. Niemand braucht in unserem Versorgungssystem für eine indizierte und anerkannte Therapie selbst zu bezahlen, und dies ist gut so.

Literatur

American Psychiatric Association (1994) Diagnostic and Statistical Manual of Mental Disorders: DSM-IV.

Balint, M. (1958): Der Arzt, sein Patient und die Krankheit. Klett-Cotta, Stuttgart.

Beck, A. T. (1976): Cognitive therapy and the emotional disorders. International University Press, New York.

Berger, M. (1999) Psychiatrie und Psychotherapie. Urban und Schwarzenberg, München.

Bergin, A. E., Garfield, S. L. (1994): Handbook of Psychotherapy and Behavior Change. John Wiley and Sons, New York, Chichester, Brisbane, Toronto, Singapore.

Boszormenyi-Nagy, I., Spark, G. M. (1973): Invisible loyalities. Deutsch: Unsichtbare Bindungen. Harper & Row, New York.

Dilling, H., Mombour, W., Schmidt, M. H. (1993): Internationale Klassifikation psychischer Störungen. ICD-10. Verlag Hans Huber, Bern, Göttingen, Toronto, Seattle.

Ellenberger, H. (1973): Die Entdeckung des Unbewußten, Huber Verlag, Bern – Stuttgart – Wien.

Erickson, M., Rossi, E. Rossi, S. (1979): Hypnose. Pfeiffer, München.

Eysenck, H. (1952): The effects of psychotherapy: An evaluation. Journal Consult Psychol: 319–324.

Freud, S. (1905): Drei Abhandlungen zur Sexualtheorie. In: GW. 27–145.

Freud, S. (1900): Die Traumdeutung. In GW. S. 1–642.

Grawe, K. (1998): Psychologische Therapie. Hofgrefe, Verlag für Psychologie, Göttingen, Bern. Toronto, Seattle.

Luborsky, L., Singer, B. (1975): Comparative studies of psychotherapies. Archive Gen Psychiatry: 85–1008.

Luhmann, N. (1984): Soziale Systeme. Grundriß einer allgemeinen Theorie. Suhrkamp, Frankfurt/M.

Margraf, J. (1996): Lehrbuch der Verhaltenstherapie. Springer, Berlin.

Masters, W., Johnson, V. E. (1970): Human Sexual Inadequacy. Little, Brown, Boston.

Perls, F. S. (1969): Gestalt-Therapie in Aktion. Ernst Klett Verlag, Stuttgart.

Reinecker, H., Fiedler, P. (1997): Therapieplanung in der modernen Verhaltenstherapie. Eine Kontoverse. Pabst Science Publishers, Lengerich.

Richter, H.-E. (1970): Patient Familie. Rowohlt, Reinbek bei Hamburg.

Rogers, C. R. (1978): Die Klient-bezogene Gesprächstherapie. Fischer, Frankfurt/M.

Roth, A., Fonagy, P. (1996): What works for whom? Guilford, New York – London.

Rudolf, G., Henningsen, P. (1998): Somatoforme Störungen. Schattauer, Stuttgart.

Schlippe, A. v., Schweitzer, J. (1996): Lehrbuch der systematischen Therapie und Beratung. Vandenhoeck & Ruprecht, Göttingen – Zürich.

Seligmann, M. E. P. (1995): The effectiveness of psychotherapy. The consumer reports study. Am Psychol 50: 965–974.

Selvini Palazzoli, M., Boscolo, L., Cecchin, G., Prata, G. (1977): Paradoxon und Gegenparadoxon. Klett, Stuttgart.

Shazer, S. D. (1989): Wege der erfolgreichen Kurztherapie. Klett, Stuttgart.

Stern, D. (1992): Die Lebenserfahrung des Säuglings. Klett-Cotta, Stuttgart.

Stierlin, H. (1994): Ich und die anderen. Psychotherapie in einer sich wandelnden Gesellschaft. Klett-Cotta, Stuttgart.

Stierlin, H., Rücker-Embden, I., Wetzel, N., Wirsching, M. (1977): Das erste Familiengespräch. Klett, Stuttgart 1980.

Thomä, H., Kächele, H. (1986): Lehrbuch der psychoanalytischen Therapie. Springer, Berlin – Heidelberg – New York – Paris – London – Tokyo.

Uexküll, T. v., (1996): Psychosomatische Medizin. Urban & Schwarzenberg, München – Wien – Baltimore.

Watzlawick, P. (1976): Wie wirklich ist die Wirklichkeit? Piper, München.

Wirsching, M. (1996): Psychosomatische Medizin. Beck, München.

Wirsching, M. (1998): Jenseits vom Schulenstreit. Entwicklungen heutiger Psychotherapie. Fischer, Frankfurt/M.

Register

C.H.BECK ■ WISSEN

in der Beck'schen Reihe

Zuletzt erschienen: